軽部謙介
Kensuke Karube

ドキュメント アメリカの金権政治

岩波新書
1179

イエスとその弟子達の旅

辻宣道

目　次

インディアナ州
シカゴ
オーロラ
ワシントン
フォートウエィン
ロサンゼルス
コロナ
エルパソ
ダラス
テキサス州
ルイジアナ州

オルバニー
ニューヨーク州
マサチュー
セッツ州
ボストン
ハドソン川
コネチ
カット州
ロードアイ
ランド州
ペンシルベニア州
ニューヨーク
ロングアイランド
ゲートウエイ国立リクリ
エーション地域
フィラデルフィア
ニュージャー
ジー州
大西洋
ポトマック川
デラウエア州
ワシントン
アレキサ
ンドリア
レホボスビーチ
メリーランド州
バージニア州

本書関連地図

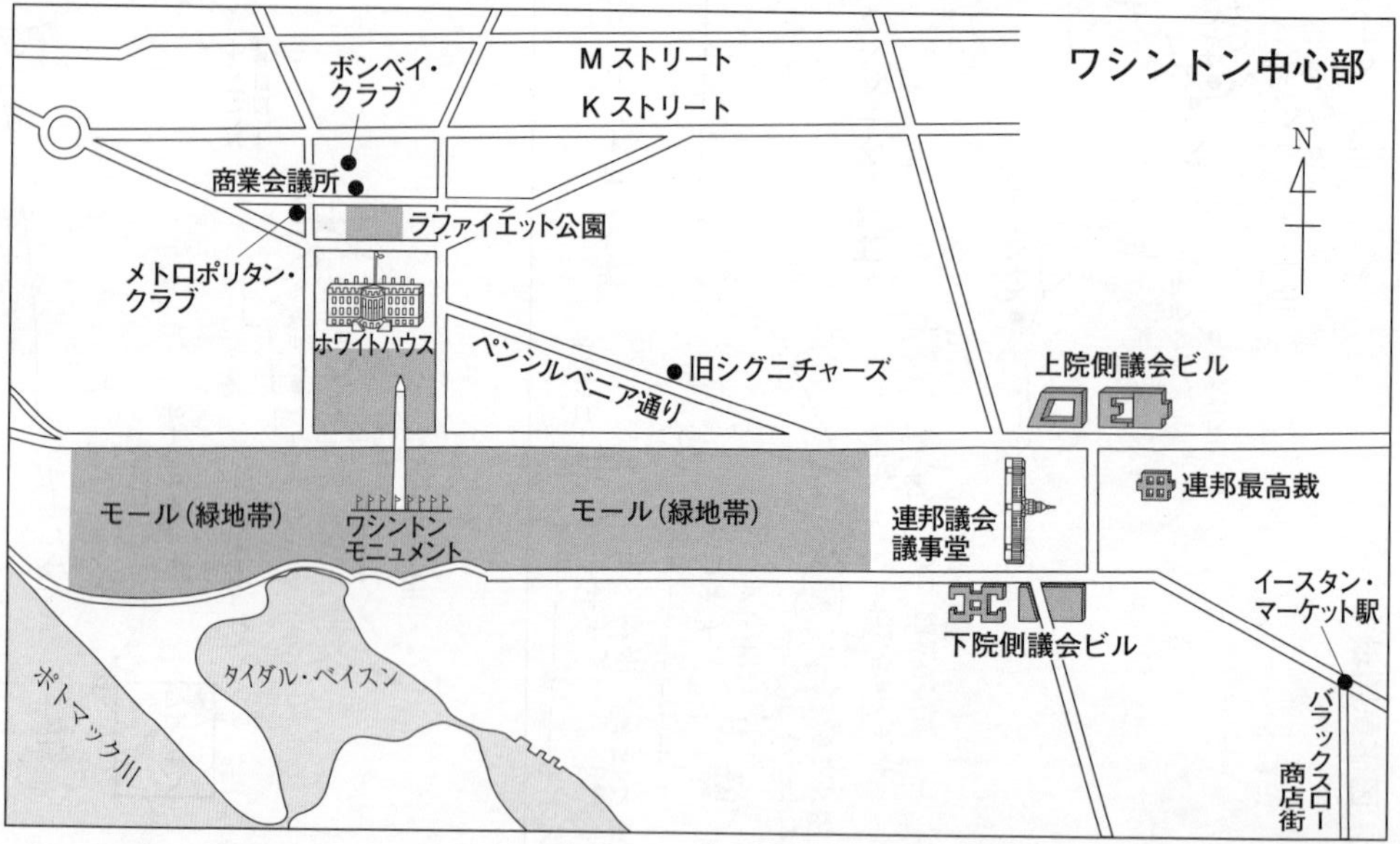
ワシントン中心部
N
Mストリート
Kストリート
ボンベイ・
クラブ
商業会議所
ラファイエット公園
メトロポリタン・
クラブ
ホワイトハウス
ペンシルベニア通り
旧シグニチャーズ
上院側議会ビル
連邦最高裁
モール(緑地帯)
ワシントン
モニュメント
モール(緑地帯)
連邦議会
議事堂
イースタン・
マーケット駅
下院側議会ビル
タイダル・ベイスン
ポトマック川
バラックスロー
商店街

プロローグ　オバマ大統領誕生でも変わらぬもの

米国政治の金権体質もなかなかのものだ。

通信社の特派員として前後二回、米国の首都ワシントンＤＣに駐在して得た結論である。そしてこの体質は、二〇〇九年一月二〇日の大統領就任式で「われわれは自らを奮い立たせ、米国再生に向けた仕事を始めねばならない」と国民に語りかけたバラク・オバマがさまざまな改革を進めても、大きく変わらないだろうという予感がある。

ワシントン特派員時代、連邦議会は重要な取材対象だった。米国の主な政策がそこで決まることは多い。小高い丘の上にそびえ立つ連邦議会議事堂や、その周辺に並ぶ委員会室などが入った議会ビルにはよく通った。

米議会は上院と下院の二院制。議場で審議を傍聴し記者会見などに顔を出すと、どちらの院でもきちんとした身なりの議員たちが格好良く政策を語り政治理念を説いていた。さすがはディベートの国。時には建国の父たちを引き合いに出し、時にはギリシャの古典を引用し、外交や内政で自分の意見を堂々と述べる。

しかし、次第に舞台裏も見えてきた。政治家への請願を職業とするロビイストたちが献金やその斡旋を通じて大きな影響力を保持し、政治家自身も時には私腹を肥やしながら彼らの言うことに耳を傾ける。増大する選挙資金。地元への利益誘導。カネの絡む現実は政界のいたるところで観察できた。

金権化した政治は必ず腐敗につながる。そしてそのうちの多くは汚職事件という形で表面化する。米国で連邦議会議員が汚職で起訴されるのはめずらしくない。

たとえば、〇八年七月上院の実力者が起訴され、ワシントンの連邦地裁で有罪の評決を受けた。アラスカ州選出の共和党上院議員、テッド・スチーブンス。予算権限を握る上院歳出委員長を長年つとめた人物だ。スチーブンスは支持者の企業経営者からアラスカ州にある自宅の改修費や新車の購入などで二五万ドルを超える便宜をはかってもらっていた。「車庫の改修」「浴室の修理」「バイキング用ガス調理器の設置」など、二八ページの起訴状にこまごまと書かれた業者の献上品リストを眺めているだけで、癒着のひどさはよくわかる。

全米で政治家や公務員が起訴される件数はかなり増えている。連邦捜査局(FBI)長官のロバート・モラーは〇八年四月、下院司法委員会の公聴会で、捜査中の汚職事件が二五〇〇件を超え〇三年から約五〇％増加したと証言した。〇八年もスチーブンスのほかにもう一人連邦下院議員が汚職で起訴されている。

しかし、事件として表面化したケースだけが問題なのではない。その裏に控える、政策形成において平等性が担保されないという構造は民主主義の基本をむしばむ危険性をはらむ。

九〇年代はじめ、ワシントン・ポスト紙のジャーナリスト、ウィリアム・グレイダーは労作『アメリカ民主主義の裏切り』の中で、米国流政治統治の基盤が侵食されていると強く警告した。彼が民主主義の「衰退の初期的兆候」としてあげた特定の利害関係者を優遇する政治は、ますますその傾向を強めているように見える。

大きな問題になっているのは選挙に必要な経費がどんどん膨らんでいるという現実だ。要因としてテレビコマーシャルを有権者へのPR手段にする傾向が強まっていることがあげられる。視聴率の高い人気番組の枠内でCMを流せば相当な額になる。これが選挙経費を押し上げる。

CMだけではない。〇八年の大統領選挙の終盤、民主党候補のバラク・オバマの陣営は三大ネットワークテレビ局などで三〇分番組を作成、夜のゴールデンタイムに放映した。オバマの半生や哲学を紹介するだけでなく、共和党のジョージ・W・ブッシュ大統領とオバマの政策を比較して提示。最後は遊説会場からのライブ中継で結ぶという凝った構成だった。

オバマは連邦政府の助成は受け取らず自分が集めたカネで選挙を戦うという判断を下した。集金力に自信があったのだろうし、助成を受けると資金集めなどが制約されるという事情もあったのだろう。受領拒否はこの制度が導入されてから初のケースだ。オバマは最終的に大統領候補者として史上最高の七億七〇〇〇万ドルを集めた。選挙直前の三〇分番組の経費三〇〇万ドルもこの資金の一部を投入した。

無党派の市民団体「有権者の期待にこたえる政治センター」によると、〇八年の大統領選挙に民主、共和両党が投じた資金は計二四億ドル。これに連邦議会選挙や規制の対象外になっている「ソフトマネー」と呼ばれる資金を加えると〇八年の選挙にかかった経費の総計は五三億ドルに達したと推計されている。もちろん米国史上最大だ。カネで当選を勝ち取る構図はどんどん顕著になっている。

ビル・クリントン政権で副大統領をつとめたアル・ゴアは著作『理性の奪還』の中で「アメリカの民主主義は危機に瀕している」として、金権政治の蔓延に強い警鐘を鳴らした。「アメリカの政治における金の役割とその提供者の影響力は決定的に大きなものとなった。選挙資金制度の改革が、たとえよく準備されていたとしても結局は的外れなものになってしまうのはこのためである。つまり政治対話に引き込むための主要な手段が高価なテレビ広告を買うことであるかぎり、マネーがアメリカの政治を支配するからだ。そしてその結果、思想その

ものの役割は小さなものでありつづけるだろう」。(竹林卓訳)

政治家の側から見れば、選挙でカネがかかるというのは地位保全のための直接的なコストが上昇することを意味する。これを補うため議員たちは政治献金集めに血眼となる。そして時に法から外れてでもカネを受け取る。一方、地元有権者の満足度が上がりその議員に対する信頼が増せば、再選のためのコストは下がる。そこで議員たちは地元有権者の願望を満たすことに全力をあげる。つまり利益誘導だ。このとき米国の議員は「イヤマーク」と呼ばれる補助金を活用する。さらに政治の周辺を回遊するロビイストやコンサルタントといった人種がこの構造に絡んでくる。あるときは政治献金の取りまとめ役となり、あるときはイヤマークの仲介にいそしむ彼らを抜きにして、米国政治の現実は語れない。

オバマは上院議員だった自らの経験を正直にこう語っている。

「たぶん次の選挙戦(上院選挙のこと=筆者注)が近づくにつれ、内なる声はこう言う。一から細々とあれだけの資金を調達する苦痛はもう味わいたくない。(中略)いちばん抵抗が小さな道、つまり、特別利益団体や企業のPACや強力なロビイスト集団が催す資金調達イベントに強く心を惹かれはじめ、こういうインサイダーの意見が自分がかつて持っていた意見とあまり一致しない場合でも、姿勢を変えるのは現実に歩み寄ったり要領がよくなっただけのことだ、と自分を正当化するようになる」。（バラク・オバマ、棚橋志行訳『合衆国再生』）

ここでオバマが触れているPACというのは「政治活動委員会」の略称で、政治家への資金供給源となっている。彼はこの告白を通じて米国政治の誘惑に絡めとられないように努めたとPRしたかったのかもしれない。しかし、そのオバマが米国史上最大規模の資金を要した選挙を制し大統領に就任したことは、皮肉にも彼がその誘惑に打ち勝ったという「特別利益団体」や「ロビイスト」や「インサイダー」といった単語で成り立つ構造の基盤を一層強固にするきっかけとなってしまった。そしてそのことはオバマが選挙期間中に掲げた「ワシントンの特別利害関係者に左右される政治からの決別」という公約の実現を自ら難しくしてしまっている。

米国では、自分たちの民主主義を世界の範にする、という考え方が何の違和感もなく受け入れられている。「アメリカ合衆国はそのまま民主主義を意味するとみなす、アメリカ合衆国と民主主義の同一視」（シェルドン・S・ウォリン『アメリカ憲法の呪縛』）だ。

しかし、成熟した民主主義を支える重大な柱は「統治の質」にある。政策立案という政治のプロセスがカネの力でゆがめられているとすれば、米国が「世界に輸出する」と胸を張る民主主義の内実は、シロアリに食われた柱と同じになってしまう。

「アメリカの民主主義を見習え」。こんなセリフを平然と吐く米国の政治で何が起こっているのか。彼らはそんなことを言えるだけ質の高い統治を実現しているのか。こういう問題意識を軸に米国政治を裏から支えるメカニズムを具体的に探っていくのがこの報告のテーマだ。

まず第1章では政治とカネの問題、そしてロビイストと呼ばれる人々の行動様式の一端を知るため、ある具体的事件を取り上げる。この事件をながめると米国政治の金権体質がよくわかる。

次に第2章で政治献金の実態を報告する。政治家はどうやって資金を集めるのか、企業や労働組合は何を基準に献金を決めるのかなど、米国における政治とカネについてメカニズムの分析を試みた。選挙にかかる資金が高騰しているという事情の背景も検証する。

第3章ではイヤマークにスポットをあてた。予算の中から政治家が任意につかみ金を地元にばらまく仕組みを観察するとき、そこには利益誘導の仲介人として奔走するロビイストの姿も浮かび上がってくる。

そして第4章で、米国政治の構造を変革しようとして努力を続ける市民の姿を紹介したい。彼らのおかげで政治過程の透明度は少しずつではあるが高まっている。

なお、登場人物の中にはすでにその地位にいない者もいるが、肩書きは当時のものを使い基本的に敬称は略させていただいた。また本文中の「ブッシュ大統領」は断りがないかぎり、第四三代(二〇〇一—〇九年)のジョージ・W・ブッシュ氏を指す。先住民であるネイティブ・アメリカンの呼称には議論があるようだが、この報告では「インディアン」に統一した。

それでは米国の金権政治を検証する作業として、ワシントンの病理を缶詰にしたような事件からストーリーを始めたいと思う。

第 *1* 章
ロビイスト・スキャンダル

接待旅行先のゴルフ場で記念写真におさまるロビイストのジャック・エイブラモフ(左端)と下院管理委員長のボブ・ネイ(右端). 中央はキリスト教連合の元指導者, ラルフ・リード(AP Images)

二〇〇六年、一人のロビイストが起訴された。彼は有力者たちとのつながりを武器に自らの影響力の基盤を確立し、「政治的弱者」を手玉にとって巨額の資金をせしめた。この事件を仔細に検証すると、ロビイストのカネに群がる人々の姿が浮かび上がってくるだけでなく、政策立案プロセスで献金をうまく使いながら政治家との関係を築いていくロビイストの実態もよく見えてくる。しかし同時に、このロビイストのしたことはワシントンの日常から少し脱線しただけなのではないかという印象も残る。上院がまとめた報告書や証言をもとに、政治とカネの汚い関係が暴かれた「エイブラモフ事件」を振り返ってみる。

1 無報酬のわな

自信満々のロビイスト

エルパソ市はテキサス州の西端に位置する。

リオグランデ川を国境として対岸にメキシコの山肌を望む。「街の外に荒野が広がる」というよりも「荒野の中に街ができた」という表現が正確であるように、遠景も近景も殺伐として赤茶けたという以外に形容しようがない。

そんなエルパソの市街地から約二〇キロ東にティグア・インディアン部族の居留地が広がる。一六八〇年に現在のニューメキシコ州でスペイン軍と戦ったプエブロ族の一部は、リオグランデ川に沿って南下した。これがティグア部族の祖先だ。

居留地に向かって幹線道路を外れると、くねくねと細い道がしばらく続く。背の低い小さな家と、ところどころに茂る灌木が目に入る程度だ。この地域がそう裕福でないことはすぐにわかる。

米国では連邦政府の関与のもと、インディアン部族に一定の自治が与えられており、ティグアの人々も自分たちの教育、住居、保険などに関して部族会議に運営をゆだねている。村役場のような機能をもつのが居留地の真ん中にある二階建ての小さな事務所だ。副部族長をつとめるカルロス・ヒサがワシントンから訪ねてきた客人に会ったのもこの事務所だった。二〇〇二年二月二二日のことだ。

ジャック・エイブラモフと名乗るこの男はロビイストだった。

「パリッとした身なりで、滔々と語る口調は自信に満ちていた」。

年齢が比較的若かったこともあり実務を任されていたヒサはエイブラモフの第一印象をこう語る。

政府や議会に働きかけを行いその見返りに顧客から報酬を受け取るのがロビイストの仕事だ。法律で義務づけられている議会への登録さえすればオーケー。羽振りのいい者が多く、エイブラモフも例外ではなかった。

事務所二階の真ん中に位置する会議室は、細長い机の周りに椅子がいくつか置いてあるだけで、二〇人も入ればいっぱいになるくらいの小さな部屋だった。ヒサがエイブラモフと会ったときは部族会議の幹部たちで満員だったという。

「連邦議会に認めさせれば問題は解決するのです」。

会議机の端に座ったエイブラモフの話を他の幹部と聞きながら、ヒサは「何をすれば問題が解決するかわかっている人だ」と好意的に感じていた。

ワシントンからエルパソまでは遠い。エイブラモフは「プライベート・ジェットで飛んできた」と言ったが、洗練された身なりの紳士が片道数時間かけてわざわざ国境の街を訪ねてきたのには理由があった。ティグア部族が経営していたカジノをどうやったら再開できるかという問題を話し合うためだった。

インディアンの経営するカジノは、集客力や経済効果などを当て込んで全米各地に点在する。ヒサによると、州との間で合意を結べば一攫千金を夢見る客の要望に応えたギャンブル度の高いゲームをそろえられるし、税の優遇措置なども受けられるようになるのだという。一九八〇年代後半から各地の部族は競うようにしてカジノ経営に乗り出した。全米インディアン賭博連盟という団体も設立され、『ネイティブ・アメリカン・カジノ』という雑誌まで発行されているほどだ。

九三年、エルパソに居住するティグア部族も居留地の中にカジノを開業した。その名も「喋る岩のカジノ」。

一七世紀末に現在のニューメキシコ州から移動してきて以降、白人とのいざこざ、貧困や病気など、多くの苦難と闘ってきた彼らにとって、カジノはやっと実現した固定収入源だった。このカジノは一〇〇〇人以上の雇用を創出し、売り上げは毎年六〇〇〇万ドルに達した。各家庭の平均所得は少しだったがアップしたし、以前は五〇％近くあった失業率も大幅に低下した。

命題はカジノ再開

しかし、九九年に事態は一変する。「喋る岩のカジノ」で、テキサス州法が禁じるテレビゲームを使った賭けが行われていたことが発覚、州政府が営業停止を求めたのだ。

米国で州の力は強い。多くのビジネスの許認可は州が担当する。しかも各州の方針は一律ではないし、知事や担当行政官によって基準が異なる。このときテキサス州でカジノの認可にあたっていた担当者は保守的な人物で、ギャンブルに対してはかなり厳しい対応をとっていた。州の行政措置に対して部族側は訴訟などでこれに応戦したが、最終的には敗訴。〇二年二月一二日、「喋る岩のカジノ」は閉鎖に追い込まれた。

エイブラモフが部族の顧問弁護士を通じてティグアの人々に近づいてきたのは、ちょうどその頃だった。カジノを失い途方に暮れていた彼らにとって、ワシントンのロビイストの話は新鮮だった。

事件の詳細をまとめた上院報告書によると、最終的にカジノを閉鎖することになったのが裁判所の命令だったことを取り上げ、「司法の不正義を正し、部族の苦境を救いたい」と意気込みを披露し「州法の禁じるゲームを行っているとして閉鎖されたのなら、連邦の法律で解決すればいいのです」と力説するこのロビイストは、部族側に出したメモにこう書いた。

「私は共和党支持者なのですが、テキサス州が行った不健全な決定が変えられないということは許されないことだと思います。私たちはワシントンの共和党の指導力をもってして、これを正します」。

州が決めたことを連邦がひっくり返す。各州の権限が強い米国でそのようなことが可能なのかどうかは別にして、よどみなく弁じるロビイストの姿に、副部族長のヒサだけでなく居合わせた関係者はカジノの再開に向けて光明を見る思いがした。

会議室の窓からは、閉鎖に追い込まれ人の出入りが絶えた「喋る岩のカジノ」が、通りを隔ててよく見える。このカジノを再びオープンすることができるかもしれない。観光バスを仕立てたギャンブルツアーの客が押し掛けてくる日が、また来るかもしれない。ヒサたちはそう思った。

上院報告書によると、エイブラモフはこう言った。

「私がこの件に首を突っ込んでいることは秘密にしておいてください。その方が都合がいいんです。そして私は無報酬で結構です」。

深く潜行して工作する、そして結果的にカジノ再開にこぎつけてあげる、というわけだ。それにもまして部族側が一番驚いたのは「無報酬」という言葉だった。

ロビイストを雇うと高い。多くの場合一時間でいくらという契約になるが、請求された経費があっという間に「一〇〇万ドル」の大台に膨らむことなど日常茶飯だ。為替相場の変動はあるが、わかりやすく一ドル＝一〇〇円とすれば一億円ということになる。それが「無報酬」でいいという。

ロビイストが案件を請け負って報酬を受ける場合、関連する情報を議会に報告する必要がある。それでは自分が何をやっているのかみんなにわかってしまう。エイブラモフはそう説明したという。

部族側も無警戒でエイブラモフを受け入れたわけではない。これまでワシントンのロビイストなどと契約を交わした経験はなかっただけに、ニューヨーク・タイムズ紙やウォール・ストリート・ジャーナル紙といった一流紙を調べ、このロビイストがワシントンでも有数の腕利きであると評されていること、彼が所属する事務所は二〇〇〇年の大統領選挙でブッシュ当選に向けて法廷闘争を行った著名な事務所であること、などを知った。信じるには十分すぎるほどの情報だった。

副部族長のヒサによればエイブラモフは部族会議でこう言ったという。

「上院の五一人、下院の二一八人をわれわれの側に引き入れればいいんです」。

しかし、米国政治の仕組みに明るくない部族会議の幹部たちは、この数が両院の過半数であることもすぐには理解できなかった。

「ワシントンのことなんて、誰もよく知らなかったし、あんまり関心もなかった」。ヒサはこの頃のことをこう振り返る。

スキャンダルの渦の中に

無報酬で仕事を引き受けたはずのエイブラモフは、友人のマイケル・スカンロンという男と契約してほしいと部族側に伝えてきた。

このときのエイブラモフの説明によると、スカンロンは当時共和党の下院院内総務として権勢を誇っていたトム・ディレイ議員の広報担当として辣腕をふるった後、いまはグラスルーツ・ポリティックス、つまり地域に入り込み特定の方向に住民の意見をまとめ政治家に働きかけを行う運動のプロとして活躍しているのだという。

下院の院内総務といえば、多数党の場合、議長に次ぐナンバー2のポジション。しかも共和党はこのとき上下両院で民主党を圧倒していたので、権力の大きさには相当なものがある。スカンロンはその院内総務の側近だった男だ。連邦の政治事情に疎いティグア部族の人々もエイブラモフのこういう説明にうなずいた。

「スカンロンは「ブルドッグ」とか「ディレイ議員の攻撃犬(アタック・ドッグ)」などと呼ばれていたんです。しかも難しい選挙でも前のめりで突っ込んでいく男として有名だったんですよ」と、エイブラモフはさまざまな形容でこの友人を評した。

米国では種々の活動を外部の専門家に任せることはめずらしくない。カジノ再開に向けて運動を展開するときその道のプロを雇うのも自然だ。しかもスカンロンは、当時権力の絶頂にいた共和党政治家の側近だったという。ワシントンの腕利きロビイストが「彼はいつも結果を出す」「今回の案件は簡単ではないので彼と組んでやりたい」と言ってくれればそれを拒否する理由も見つけにくかった。

ただ契約金額は高かった。エイブラモフは部族側にスカンロンとの契約金として五〇〇万ドルが必要だと言ってきた。

エイブラモフがワシントンに帰った後、部族内部で対応策が話し合われた。「カジノ再開に向けた工作をエイブラモフとスカンロンに任せよう」ということは早々に合意されたが、「五〇〇万ドルはちょっと高すぎるぞ」という声が部族会議で出てきた。これまでのカジノ収入で蓄えはあったが、ティグア部族はこの金額を少しだけ値切った。

〇二年三月五日から、部族は三回に分けて総額四二〇万ドルをスカンロンの経営する会社に送金した。

上院報告書にはティグア部族が最初に送った小切手のコピーが収録されている。「二一〇万ドル」とタイプされ、右下のサイン欄には部族長と副部族長ヒサが記した署名が残っている。

この小切手は部族専用で、シンボルマークである鷲と二本の矢が組み合わさった図柄が誇らしげにプリントされていた。カジノを再開させたい。そして部族の暮らしを少しでも向上させたい。そんな思いからの送金だったのだ。

しかし、笑顔で全面協力を申し出たエイブラモフが、実はスカンロンと組んで部族の大事な収入源だった「喋る岩のカジノ」を閉鎖に追い込んだ張本人だったとは、このとき誰も知らなかった。そして部族がスカンロンに送金したはずの金額の半分は「無償協力」を申し出たエイブラモフに還流することになっていたなどということも夢想だにしなかった。

伝統ある勇敢なプエブロ族の一派としてエルパソに暮らしてきたティグア部族は、この送金を境に米政界のスキャンダルに巻き込まれていく。

辣腕エイブラモフ

ここでロビイストという職業を説明しておく必要があるだろう。ロビイストというのは依頼人の要請に基づき政治家や各省庁の高官に何かを要望する人々のことをいう。

たとえば、ある規制が強化されそうになったとする。この規制に反対する企業Aから依頼を受けたロビイストは、議員たちを回ってこの規制に反対するように説く。逆に賛成の企業Bは別のロビイストを雇い政治家に規制を認めるよう働きかける。

ロビイストは議員やそのスタッフたち、あるいは政府高官と知り合いであることが多く、政策立案の仕組みもよく知っている。議会に登録しなければならないし、外国の政府や企業を顧客とするロビイストはさらに司法省への届出も必要になるが、登録そのものは簡単で資格試験があるわけではない。ただ、どんな顧客からの依頼を受け、どんな働きかけをしたのかは議会などに報告する義務がある。

ロビイストの登録をしているのは、企業法務の弁護士や、引退した議員、議会スタッフからの転職者などさまざま。これらの人々を雇う事務所は「ロビイング・ファーム」と呼ばれている。

米国でロビイストは社会的に認められた職業だ。高度な専門知識を要求されることも多いだけに、彼らの収入は高い。コラムニストのトーマス・フランクによると、議会のスタッフを辞めてロビイストになった場合、初年度の報酬はだいたい三〇万ドル程度。全米で最も住民の平均所得が高い郡はバージニア州ラウドゥン郡、第二位は同州フェアファックス郡だが、いずれもワシントンの近郊でロビイストが多く住んでいる地区だ。

エルパソのティグア部族に近づいてきたエイブラモフもそんなロビイストの一人だった。一九五八年生まれ。学生時代に熱心な共和党の活動家として頭角を現し、「学生共和党全国委員会」の代表をつとめる。この団体は全米最大・最古の保守系学生組織。エイブラモフはのちに自らのスキャンダルに名を連ねる共和党関係者たちとここで知り合う。

ロビイストになってからエイブラモフは「ワシントンで最も影響力のある一人」(ワシントン・ポスト紙)といわれるまでにのし上がった。同紙によると、絶頂期にはワシントンに二つのレストランをもち、カジノ客船を所有し、ハリウッド映画を二本つくり、アメリカンフットボールなどプロスポーツの観戦ボックス席を四つももち、ユダヤ教徒の少年のための学校まで経営していた。

上院報告書によると、エイブラモフが最初にインディアン部族と契約したのは、九五年にロビイストとして活動を始めてまもなくの頃のこと。雇い主はミシシッピ州の部族で、「カジノに対する課税をつぶす」がロビー活動のテーマだった。

インディアン・カジノは八〇年代後半から九〇年代にかけて急成長した。全米インディアン賭博連盟によれば、〇八年現在、年間売り上げ二六〇億ドルの産業に育っている。インディアン部族は競うようにカジノを建設し、地域経済の核にしようとした。しかしカジノは根強いギャンブル反対派の攻撃の対象となる。

ミシシッピ州のインディアン部族がエイブラモフを雇うきっかけとなったのは、カジノに対する課税案がギャンブル反対派の一部議員の提案で議会審議に入ったことだった。彼はこの案件をうまく処理して課税案をつぶすことに成功する。それと同時に各地のインディアン部族がカジノ収入で蓄えのある「カネのなる木」だと知る。

この辣腕ロビイストとつねに二人三脚だったのが、「ディレイ議員の攻撃犬」と呼ばれたスカンロンだった。彼は若くして抜擢されディレイの広報責任者として活躍した。ディレイものちに著作の中でスカンロンのことを「才能豊かな戦略家」と紹介している。上院報告書によると、スカンロンが部族側と直接会合したとき、彼はこう言ったという。

「ディレイ議員にも部族の利益のために働いてもらえるように頼んでみるし、部族を支持するよう、ほかの議員を説得するときに彼の信用力を使ってみる」。

権力者のそばにいたことを最大限の売りものにしたわけだ。

エイブラモフとスカンロンは役割を分担しながらインディアン部族からカネを巻き上げる仕組みを作っていった。

2 「カネのにおいがしないのか？」

シンクタンクは浜辺の一軒家

米東部デラウエア州のレホボスビーチ。どこまでも延びた浜辺に大西洋の荒波が大きな音をたてて押し寄せる。「白砂青松」という景観からは程遠い迫力だ。

フィラデルフィアやワシントンなど大都市からそう遠くない海水浴場ということもあり、夏場ともなれば地元だけではなく、ペンシルベニア、ニューヨーク、メリーランド、ニュージャージーといった近隣各州のナンバープレートをつけた車でにぎわう。

みやげ物屋やレストランが立ち並ぶ街一番のメーンストリートの裏手に目指す建物はあった。少しだけ高床になった小さな平屋で、二ブロック先は海岸。周りはホテルやバーが軒を連ねる。

道路に突き出た五段の階段を上り、入り口を何回かノックしてみる。中からは応答がない。ただ家の脇には小さな自転車が立てかけてあり、子供のいる家族が暮らしているのだということが想像できた。

「アメリカン・インターナショナル・センター」。略してＡＩＣ。ロビイストのエイブラモフと相棒のスカンロンが設立したシンクタンクの名称だ。彼らがそのシンクタンクの本拠地として登記上届け出た所在地は「レホボスビーチのボルチモア通り五三番地」。つまり、薄い茶色にペイントされた何の変哲もないこの浜辺の一軒家だった。

シンクタンクといえば多くの研究者をかかえ、政策提言や勉強会を開催するというのが普通だ。大手はワシントンやニューヨークで立派なビルに居を構える。民主、共和を問わず、政権や議会への人材供給源ともなり、彼らの論文が政策的に大きなインパクトを与えることもめずらしくない。そして大小の催しには多くの関係者が集まり、活発な質疑応答が繰り広げられる。

ＡＩＣの構えは、しかし、通常のシンクタンクのイメージからはかなり外れたものだった。「光り輝くレホボスビーチを拠点にＡＩＣのスタッフは二一世紀のテクノロジーを使い長年の経験をいかし、世界を小さくします」「ＡＩＣは地球上のあらゆるところから偉大な頭脳を集めてきます」——。上院報告書によると、いまはすでに閉鎖されたＡＩＣのホームページにはこう書かれていたという。

うたい文句と浜辺の一軒家の落差は大きい。本当に偉大な頭脳たちが世界から集まってきても、それほどの人数が入れる部屋があるとは思えない。

しかし、このＡＩＣは、エイブラモフとスカンロンがインディアン部族からカネを巻き上げるための大事な装置だった。つまり非営利組織のシンクタンクとは名ばかりで、実態はマネーロンダリングのためのトンネル組織だったというわけだ。

スカンロンは少年時代をレホボスビーチで過ごしており、昔の友人に浜辺の一軒家を借りさせ、そこにパソコンを数台置いた。ＡＩＣの設立だ。浜辺の一軒家にどうやって世界の頭脳を集結させるのかは不明のまま、経営者には少年時代の二人の友人を形式的にすえた。

上院報告書によると、ほとんど実体のないＡＩＣに対しては、しかし、〇一年から〇三年にかけて巨額の資金が流れ込み、シンクタンク事業などにはまったく使われずに再び流れ出ていった。そして、エルパソのティグア部族のカジノ閉鎖にもＡＩＣは一役買っていた。

悪知恵

「州法違反の賭けを行っていた」との理由から、ティグア部族のカジノを閉鎖させようという当局の圧力が強まっていた〇一年秋頃、テキサス州東部で別のカジノ建設の動きが表面化した。

上院報告書によると、この動きを察知して、隣接するルイジアナ州西部でカジノを経営するインディアン部族の危機感をあおったロビイストがいた。「もしテキサス州当局がエルパソのカジノをつぶせなかったら、テキサス東部のカジノも認めざるをえなくなる」と、ティグア部族のカジノ閉鎖は自分に任せろと売り込んだわけだ。

このロビイストこそ、エイブラモフだった。片方でカジノをつぶす工作を進め、閉鎖されると再開を持ちかける。こうすればルイジアナとエルパソの二つの部族からカネを取れる。なかなかの悪知恵だ。

話を持ちかけられたルイジアナ州のインディアン部族もカジノ経営に血眼だった。米国は広い。隣の州といっても、移動はそう簡単ではない。ルイジアナからテキサスの中心部に行くのにも下手をすれば車で一日がかりだ。しかし、隣の州に新しいカジノができれば客を奪われるかもしれない。脅威は脅威だ。そしてこの際、さらに遠いテキサス州西部のエルパソでも、トラブルを抱えたカジノがつぶれてくれるのは悪い話ではなかった。そこでルイジアナ州の部族はエイブラモフとスカンロンに、テキサス州での「反ギャンブル運動」を依頼した。エルパソのカジノをつぶし州東部に新しいカジノができるのを防ぐためだ。

エイブラモフはこの運動の工作資金を支払うよう部族側に要請、デラウエア州レホボスビーチに本拠を置くシンクタンク、ＡＩＣに振り込むように指示した。上院報告書によると、ルイジアナ州の部族は五回に分けて総計三六五万ドル余をＡＩＣに送った。そしてそのカネのうち二二九万ドルは入金から間をおかず、ある企業に工作費として送られた。差額は当然エイブラモフとスカンロンの懐に入った。

エルパソのティグア部族にとってほぼ唯一の収入源になっていた「喋る岩のカジノ」は、そこから三〇〇〇キロ近く離れたデラウエア州の浜辺のシンクタンクを経由した工作資金で命脈を絶たれる。そんなことはおくびにも出さず、エイブラモフとスカンロンはエルパソに乗り込んでいったのだ。

汚れた宗教右派

話はやや横道にそれるが、エイブラモフのさまざまな工作には二人の有名人が関係していた。一人は宗教右派として知られるキリスト教連合(クリスチャン・コアリション)で初代の事務局長をつとめたラルフ・リード。もう一人は「税率カットこそ国民経済に貢献する」と主張しブッシュ政権が打ち出した減税政策の仕掛け人といわれたグローバー・ノーキスト。二人ともエイブラモフとは学生共和党全国委員会で知り合って以来の仲だ。

上院報告書によると、ノーキストはエイブラモフが最初のインディアン部族案件として成功したミシシッピ州部族のカジノビジネスへの課税問題で、六万ドルの工作費をもらい「反税金」の運動を展開した。

一方のリードは〇一年秋にエイブラモフがテキサス州での「反ギャンブル運動」を請け負った際、現地の牧師などを動員して協力したほか、やはりエイブラモフの依頼を受けてアラバマ州でもカジノつぶしに奔走したことがある。若くて甘いマスクだったせいもあり、リードはマスコミでも取り上げられることが多かった。もともと同連合の創始者で米国内宗教右派に大きな影響力をもつパット・ロバートソン師の後ろ盾もあり力をつけたのだが、固い信念に基づいて反ギャンブル運動を実施したわけではなく、単なる金ほしさだったようだ。ＡＩＣがルイジアナ州の部族からの工作資金二二九万ドルを送った企業は、リードの経営だった。

ノーキストもリードも、昔からの友人であるエイブラモフにカネの無心をしていた。その電子メールも上院報告書に収められている。たとえばノーキストはエイブラモフにこういって甘えた。

「去年からの予算に七五K(七万五〇〇〇ドル)の穴があいちゃったよ。痛いなあ」。

自分の経営するシンクタンク「税制改革を求めるアメリカ人たち」が資金難にあることを訴えたノーキストに対して、エイブラモフはインディアン部族の資金転送にこのシンクタンクの口座を利用、一部を「管理費」としてノーキストに残すという手法で事実上支援していた。上院報告書は「税制改革を求めるアメリカ人たち」はエイブラモフが資金を流すトンネル組織の一つだったと断定している。

一方のリードは下品な表現もちりばめながらこう書いた。

「おい。もう選挙を通じての政治運動はおしまいだ。企業のカネを手籠めにできるようなことを始めようと思っている。誰かを紹介してくれよな。君を当てにしているんだ」。

宗教活動に従事するリードも金銭欲に強く支配されていたことがわかる。

保守派の経済理論家と宗教右派の人気者。米国でも知名度の高い二人は、エイブラモフがインディアン部族からカネを巻き上げるシステムの一部として機能していた。

二〇倍の過大請求

エイブラモフとスカンロンは九九年から〇三年にかけて、デラウエア州レホボスビーチのAICと同じようなトンネル組織をいくつかつくった。ワシントン連邦地裁に〇六年一月に提出された資料によると、たとえば〇一年一月に設立された「キャピタル・キャンペーン・ストラテジー(CCS)」は「広報活動や選挙運動の支援」などが目的の会社とされた。

なぜそんな団体を作ったのか。エイブラモフがロビイストとして活動をして得た報酬は公開される。しかし請求も受け取りもAICやCCSのような会社にすれば、その実態は雇い主であるインディアン部族を含めてほぼ誰にもわからない。過大請求も税金逃れも可能になる。所属する事務所への上納金も必要がない。エイブラモフは契約を結んだいくつかの部族にスカンロンの設立した組織にカネを支払うよう要求した。また彼らは知り合いがトップに座るいくつかのシンクタンクを同様に資金の受け皿として利用したことも上院の調査で判明している。

しかも、エイブラモフとスカンロンはあらかじめ、「契約額を折半する」と約束していた。エイブラモフはエルパソのティグア部族に「自分は無報酬で構わない」と大見得を切った。しかし実はその裏で、部族からスカンロンに支払われたカネはエイブラモフにも渡る仕組みがつくられていた。決して「無報酬」などではなかったのだ。

カジノ再開を願っていたテキサス州エルパソのティグア部族の場合、〇二年三月に三回に分けて総額四二〇万ドルをスカンロンの経営する会社に振り込んだ。上院の調査に証拠として提出されたティグア部族への請求書には「プロフェッショナル・サービス」と記されていたのだが、振込みを受けたそのすぐ後、スカンロンはエイブラモフにそのうちの半分の資金を流している。

被害にあったのはエルパソの部族だけではなかった。この二人組はさまざまな手口で各地のインディアン部族からカネを引き出している。のちにエイブラモフが応じた司法取引に関するワシントン連邦地裁の認定によると、〇一年六月から〇四年四月までの約三年間で、別のある部族はCCSに対して一四七六万五〇〇〇ドルを支払った。この金額はかなり大きいもので、のちにワシントン・ポスト紙は通常のロビー活動費用の相場に比べて一〇－二〇倍だったと報じた。

カジノで潤ったインディアンにきわめて過大な請求書を送りつけ、そのカネをAICやCCSなどのトンネル組織に振り込ませる。そして、スカンロンとエイブラモフは膨大な資金を手に入れた。政治家との関係を見せつけながら部族を信用させる一方、彼らの期待する仕事はあまりしていない。米国でもこういう行為は「詐欺」と呼ばれる。

エイブラモフとスカンロンの二人はカネに眼がくらんでいたようだ。上院報告書に付属文書として収められた両者の電子メールのやり取りの記録は数百ページに上るが、その中に出てくるのはカネの話が多い。そしてこんなやりとりも残されている。

「カネのにおいがしないのか？」（〇二年六月一四日、エイブラモフからスカンロン宛）

「あいつらのカネを全部巻き上げちゃおうよ」（〇二年二月六日、スカンロンからエイブラモフ宛）

「もっと$$$を」(〇二年七月二四日、エイブラモフからスカンロン宛)

ある時は部族内の役員選挙に介入し、ある時はカジノ規制に関わる顧問として、二人は最終的に〇一年から〇三年までの間、六つのインディアン部族から合計六六〇〇万ドルを引き出した。

「部族は支払った資金に見合った見返りを受けておらず、大半の資金は、不動産投資、レストランや学校の経営にあてられるなど、部族の支払い目的とは関係のない私的な目的で使われた」。上院報告書はこう結論づけている。

3　癒着の構造

政治家との太いパイプ

「連邦議会の力でカジノを再開させる」と息巻いたエイブラモフは、政治家と太いパイプをもっていた。ただその関係はカネを触媒にした「持ちつ持たれつ」。エイブラモフ事件からは米国政治の金権体質がよく見える。

ロビイストにとって必須の要件は、議会や政府に顔が利くということだ。エイブラモフは当時議会の有力者と親しかった。それは学生共和党全国委員会の代表当時から知り合いだった共

和党院内総務のトム・ディレイであり、下院管理委員会委員長だった共和党のボブ・ネイという政治家だった。

米下院で院内総務は強い力をもっている。議員立法の国米国では、年間多数の法律が提出される。そんな中でどの法案を優先審議するか、いつ本会議の採決にかけるか、最終的に対立政党や上院との調整をどうはかるか、などについての差配は院内総務の仕事。そしてディレイはいわゆる豪腕の政治家として恐れられた。

一方、連邦議会の各委員長は所管する分野で絶大な力を誇る。法案は原則として委員会審議を経るので、ここでの委員長の力は絶対的だ。ネイの所管する管理委員会は選挙制度や議会運営などで権限をもつ。二〇〇三年のイラク攻撃の際にフランスが賛成しなかったことに対し不快感を表明するため、議会食堂で出される油で揚げたポテトの名称を「フレンチフライ」から「フリーダムフライ」に変更したのはネイの命令だったと言われている。

院内総務や各委員会の委員長といった権限をもつ政治家の周りには、当然のことながらさまざまな人々が集まってくる。エイブラモフもその一人だった。のちにディレイは著書の中でこう述べている。

「エイブラモフのことは彼が共和党の青年たちを指導していた頃から知っている。あんまり近しい関係ではなかったが、お互いに好ましい人物だと思っていた。私は彼のことを思いやりのある保守主義者だったので、好ましいと思っていた。(中略)彼は私に倫理にもとるようなことは一度も頼んでこなかった」。

しかし、この政治家とロビイストの関係はそう清らかなものではなかった。

議会の要職についていた政治家たちがどのようにロビイストと持ちつ持たれつの関係になっていったのか。話をテキサス州エルパソのティグア部族に戻す。

提示された献金リスト

収入源だったカジノを閉鎖され途方に暮れていたティグア部族のもとにさっそうと現れ、「不正義を正す」と息巻いたロビイストのジャック・エイブラモフと、政治活動家のマイケル・スカンロン。二人はカジノ再開までの戦略を記したメモを副部族長のカルロス・ヒサらに渡した。名づけて「オープン・ドアーズ作戦」。閉じられたカジノのドアを再び開こうという意味だ。

上院報告書に収録された一一枚つづりのこのメモには、「全米の政治家に三七万件以上の電話をかけ手紙を届ける」など、こまごまとした運動の戦術が記されていた。そして「四カ月以内にカジノを再開させる」と豪語していた。

それと同時にエイブラモフは部族側にあるリストを手渡した。

「あなたの信念を信頼せよ基金」
「アメリカ回復政治活動委員会」
「大空の友人たち」

部族のメンバーにとってまったく見たことも聞いたこともない団体の名前がずらりと並んでいた。副部族長のヒサによると、これを見た幹部たちはみな一様に「何だ、こりゃ」という感じだったという。

これが政治献金の受け皿団体の名称であることはエイブラモフの説明でわかった。資金の流れる先はワシントンの連邦議会の議員たちだ。エイブラモフはこれらの団体にカネを送れと言っていた。

「部族の水を議員たちに運ばせるためにも政治献金が必要なんです」。
「もし献金がないと政治家は部族のための法案に賛成してくれない」。

エイブラモフはこう力説した。部族は「ただちに送金したほうがいい」と言われた通り、合計三〇〇万ドルをこれらの団体に献金した。

ところが、のちに上院の調査で判明するのだが、エイブラモフはこの三〇〇万ドルの献金を受けた政治家たちに「エルパソのティグア部族のカジノ再開」を働きかけていない。彼はこの三〇〇万ドルを使って、ティグア部族の案件とは関係のない別の顧客の要請実現を働きかけていた。

つまりティグアの人々は、「別の顧客の水」を政治家が運ぶために利用されたことになる。

幻の修正案

しばらくすると、エイブラモフは部族側にこう連絡してきた。

「下院管理委員会のボブ・ネイ委員長が、いま審議中の選挙改正法案にカジノ再開に向けた修正案を挿入してもいいと言っている」。

米国の法律は議員立法でできる。そして修正条項として、その法律の趣旨とはまったく関係のない案件が挿入されることもよくある。

このときのエイブラモフの説明によると、カジノ再開に向けた条項を選挙改正法案にもぐり込ませるということだった。

委員長のネイがそう言ってくれるなら実現の可能性は高そうだ。副部族長のヒサを含めてティグア部族は誰しもが喜んだ。

上院報告書によると、エイブラモフは「こういう要請を確実にするには政治献金が非常に大事になってくるのです」と部族側に繰り返した。そしてこう付け加えた。「これは実施しなければならないことであり、オプショナル(選択可能)ということじゃないんです」。

彼は〇二年三月二六日、部族側に電子メールを送り、「ボブ・ネイを議会に送る会」など、ネイ関連の政治団体に総計三万二〇〇〇ドルを献金するように要請した。そして、そのあとにこう付け加え部族の危機感をあおった。

「(議会での)動きは考えていたよりも速くなっている」。

献金の小切手を早急に送るようにという指示だった。

見たこともないいくつもの団体にすでに三〇万ドルを送っていたこともあり、部族側には「政治献金なんてエイブラモフやスカンロンとの契約には入ってないぞ」という疑念の声もあったが、「仕方ないんじゃないか」という雰囲気が大勢を占めた。副部族長のヒサによると、ティグア部族にはこの頃、民主党支持者が多かったという。カジノ再開のためならこの際、党派は問わないということだったようだ。

しかし、献金を受けた側のネイ委員長は、ティグア部族の便宜をはかる修正案を成立させようと必死になっていたわけではなかった。

連邦議会の審議の流れは複雑だ。たとえば、ある法案が下院で可決されても、同じような内容の法案が上院でも可決されねばならない。両院はその上で協議会を開き、法案を一本化する。そして最終的にその一本化された法案を再び上下両院が可決して、初めて議会通過となる。ティグア部族の便宜をはかる修正案が下院で可決されても、上院との一本化協議で修正案が外されればおしまいだ。また上下両院で通過した法案をすり合わせるプロセスで、委員長など実力者が突然修正案を持ち出すこともある。

エルパソのカジノ再開に向けた修正案は、ネイが上院との協議の場で直接持ち出すことになっていると部族側に説明されていた。

しかし、のちに上院の調査で判明するのだが、ネイはこの修正案の話を上院との一本化協議の場で持ち出していない。というよりも最初から法案に挿入する気などなかったようだ。一本化協議の場で修正案が出されなければ、ティグア部族が期待したカジノ再開が認められることもありえない。修正案は幻だった。

ロビイストはよき友人

活動を怠ったのは、ネイだけではなかった。エイブラモフやスカンロンが部族に提示した「オープン・ドアーズ作戦」が実施されていれば、カジノ再開を求める電話と手紙が全米の議員事務所に殺到しているはずだった。ティグアの人々はそのために四二〇万ドルを支払った。しかし、運動を担当したスカンロンは「ネイ委員長が何とかしてくれるだろう」と簡単に考えていたようで、この作戦を真面目に実行した形跡がない。

そもそもエイブラモフにもスカンロンにも、インディアン部族を尊重する思いなどはさらさらなかったようだ。むしろ顧客である部族を侮蔑していた。上院の調査報告書に収録された電子メールのやり取りを読むと、二人がインディアン部族をさして「類人猿」「モンキー」といった蔑称を頻繁に使っていたことがわかる。

しかし、いかにインディアン部族を軽蔑し、カネだけ巻き上げようという算段だったとしても、冬から春に、そして春から夏に季節が移り、約束の四カ月を過ぎても何も進展がないままではちょっと格好が悪い。エイブラモフたちはワシントンに副部族長のヒサらティグア部族の幹部を招き、ネイとの会合をセットして、体裁をつくろった。〇二年八月一四日のことだ。

エイブラモフも同席したこの会合は一時間半に及んだ。何かと忙しいはずの下院管理委員会委員長としては異例の長さだった。この席でネイは「上下両院の法案一本化で上院のカウンターパートとなる民主党の委員長が協力してくれなかったために、カジノ再開に向けた修正案が入らなかった」と釈明するとともに、この上院側の委員長を激しく批判した。そして、今後も部族を助けるために法案化の道を探っていくことを確約した。

ネイ自ら議会の委員会室を案内して審議の仕組みを説明するなど、このときのサービスは満点だった。同時に、一緒にいたエイブラモフを指して、「私の良い友人なんです」「あなたたちは問題解決に向けてふさわしい人を選んだ」と絶賛した。

カネだけ巻き上げられて法案化には何の目途もたっていなかったが、政治家のさわやかな弁舌の前にティグア部族の人々はすっかりだまされた。リーダー格だった副部族長のヒサはこのときの印象を振り返ってこう話す。

「ネイ委員長の言っていることは、なるほど、間違っていないな、という感じでした。もちろん、あとでそのときの説明は単なる弁解だったとわかるのですが、このときはみんなを納得させるだけの説得力があった。でも、そもそも私自身ワシントンに行くのはこのときが初めてだったのです。だから連邦議会の建物なんか入ったこともなかった。ビルの大きさに圧倒されたし、ネイ委員長のスタッフが忙しそうにてきぱき働いているのがすごく印象的でした」。

ゴルフ場のワンショット

一枚の写真がある。ゴルフクラブを手にした男たちがにっこりとおさまっている。

ここはスコットランドの名門ゴルフ場。写真にはエイブラモフと下院管理委員会の委員長であるボブ・ネイ、それにキリスト教連合の元指導者でティグア部族のカジノ閉鎖に一役買ったラルフ・リードらが写っている。エイブラモフたちの悪事が暴かれ、政治家とのつながりが取り沙汰されはじめた〇四年、米国のメディアに相次いで掲載された。

これは〇二年夏にエイブラモフの招待で行われた夫人同伴のゴルフツアーだったが、誰も参加費を支払っていない。経費は誰が払ったのか。エイブラモフからカネを搾り取られていたインディアン部族などだ。

上院報告書によると、このゴルフ旅行の直前、エイブラモフは顧客である各部族に資金拠出を要請した。〇二年七月一〇日、ティグア部族副部族長のヒサにもエイブラモフのメモが届いた。

「われわれの問題を扱ってくれている委員会の委員長、それに彼の議会の同僚が八月の休会中に事実の探求の任務を負ってスコットランドに旅行することになりました。皆さんが直面する問題の解決を約束してくれたのは彼らです」

「この代表団と彼らの奥様方、そして上級スタッフの方々の旅行費用を一〇万ドルと設定いたしました。皆さんが寄付を検討してくださることを強くお願いするものであります」

「委員長は私たちの問題を取り上げてくれた方であります。もしこの寄付がなされるならば、それは強力な信頼の証になると確信いたします」

エルパソのティグア部族は、資金提供の要請を断った。副部族長のヒサによると、ちょうどこの時期は法案の修正がうまくいかなかったタイミングでもある。部族会議では「おれたちはすでに四二〇万ドルに加えて政治献金までしているんだ。解決に向けて進展がないのに、その上なんで人の旅行代まで払わねばならないんだ」という意見が強かった。この一件があった直後にエイブラモフを通じてネイ委員長から八月のワシントン招待の案内が届いたため、部族側は「関係修復を考えているのかな」と思ったという。

ティグア部族に資金提供を断られたエイブラモフは、ほかの顧客に頼み込んで何とか格好をつけた。のちにワシントンの連邦地裁はこの経費はミシガン州のインディアン部族と別の顧客企業が払ったと認定している。

ネイはこの旅行の目的について「スコットランド議会で演説するため」と下院に報告した。しかし、ワシントン・ポスト紙が調べたところ、その時期ネイがスコットランド議会で演説した記録はなく、そもそもこの期間、同議会は休会中だったことが判明した。要するに単なるゴルフ旅行だったようだ。

名門ゴルフ場で撮られたこのワンショットは、ロビイストと大物政治家とのつながりがどのようなものか、如実に示していた。

カネの面倒も仕事のうち

実は同じゴルフ場で下院院内総務だったトム・ディレイも二〇〇〇年夏にプレーしている。もちろんエイブラモフのはからいだ。

「私は政府は小さくてはならないと信じている。国民の税金を使うよりは、民間の資金を使うほうがいいと思っている」。

著書の中でこう言うディレイが二〇〇〇年にスコットランドを旅したのは、本人の説明では

「英国の保守政治家の招き」によるもの。しかしのちの調べで、経費を払ったのはワシントンにある保守系のシンクタンクだったことがわかる。ここの代表者はエイブラモフと旧知の人物で、自分のシンクタンクをエイブラモフがインディアン部族から巻き上げた資金の受け皿として使わせるとともに、いくばくかのおこぼれにあずかっていた。何のことはない、院内総務だったディレイのスコットランド旅行の経費も元をたどればインディアン部族の資金に行き着くのだ。

もともと、エイブラモフは、ディレイに大量の献金を行っていた。政治資金規正を所管し献金の届出などを管理する連邦選挙委員会（FEC）の記録によると、九七年以降エイブラモフと夫人名義のディレイへの献金は総計で一万三〇〇〇ドルに上る。ちなみに同夫妻から政治家全体に対しては累計一四万ドルを超える金額が献金されている。

そしてエイブラモフはインディアン部族などの顧客に対しても、ディレイや共和党全国委員会などに献金を行うように要求した。

エイブラモフの周辺にはディレイの関係者が多く存在した。インディアン部族からのカネを山分けしていたスカンロンは、ディレイの議会スタッフで広報戦略を担当、腹心として知られた。またエイブラモフと同じ事務所で働いていたトニー・ルディーは、ディレイの副補佐官として活躍した経験をもつ。

議会共和党の最高実力者とこれだけ人的なつながりができれば、さまざまな要求もふってくるようになる。

上院報告書の付録に収録されている〇二年六月六日の電子メールで、エイブラモフはルディーにこうぼやいた。

――ディレイ議員が資金をほしがっている。一社当たり二万五〇〇〇ドルを用意できないか六つの顧客に当たってみるが、他にもいないかな。二〇万ドルできればいいんだが――

4　ゲームの終わり

全容示す陳述書

エイブラモフ事件は二〇〇四年二月、ワシントン・ポスト紙のスクープで明らかになった。捜査当局が動き出すとともに、上院インディアン問題委員会もエイブラモフが勤めていたロビイスト事務所に対してコンピューターに残っている電子メールの提出などを求め、事件の全容解明に動いた。そして〇四年秋、上院は本文だけで三五〇ページからなる調査報告書をまとめた。これに電子メールの記録などを含んだ膨大な付属文書がつく。

大物議員の威光を借りてワシントンで幅を利かせていたロビイスト、ジャック・エイブラモフは、最終的に詐欺や贈賄での共謀、脱税などの罪で起訴された。

〇六年一月三日の夕方、エイブラモフ事件で検察側が初めて記者会見を開き、こう断言した。

「彼らのやったことがロビー活動かって? 違う。犯罪だ」。

エイブラモフもワシントンの連邦地裁に出廷し罪状を認めた。

下院管理委員会委員長という要職にあったボブ・ネイも〇六年九月に起訴された。ネイは有罪を認めて量刑を軽くする司法取引に応じた。その際、ワシントンの連邦地裁にネイの弁護側から提出された陳述書は、政治家とロビイストの関係をよく表している。要旨は次のような内容だった。

一、二〇〇〇年ごろから〇四年四月まで、ネイ委員長とそのスタッフは、エイブラモフ、スカンロン、ルディーらに対して、「一連の価値あるもの」を不正にせがみ受領した。これらの行為はエイブラモフらの要請に対して「正式な行動」を起こすという合意のもとであった。エイブラモフらも要請に関してネイらが「正式な行動」を起こすと知りながら「一連の価値あるもの」を供与した。
一、「一連の価値あるもの」とは以下の通りである。▽〇二年八月、スコットランドへのゴルフ旅行。総額は一六万ドル超であった、▽〇三年五月、ニューオリンズへの旅行。費用はおおおむね七二〇〇ドルだった、▽〇三年八月、ニューヨーク州レイクジョージへの旅行。費用は三五〇〇ドル超、▽ワシントンにおける数多くの飲食の機会、▽エイブラモフが保有するスポーツ観戦施設のボックス席などをはじめ数多くのチケットの提供、▽エイブラモフの顧客による多額の政治献金。これらの顧客が抱える案件についてネイは「正式な行動」をとることで合意していた、▽エイブラモフが所有するレストランなどを使っての八回の政治資金集めパーティー。食事などはレストランが提供しており、これは現物給付の政治献金とみなされるが、連邦選挙委員会（FEC）が求める報告はなされていない。

一、「一連の価値あるもの」の見返りとして、ネイらのとった一連の「正式な行動」とは以下の通りである。▽ネイはエイブラモフの求めに応じてインディアン・カジノに関する修正案を提出することに合意した、▽〇一年四月から〇二年一一月の間、エイブラモフの顧客である企業に対してワイヤレス電話関連設備の下院への敷設工事を受注できるように便宜をはかった、▽エイブラモフらの要求に基づき、米政府の各省庁に接触し口利きを行った、▽〇一年から〇三年までエイブラモフのロビイストとしての評判を高めるため、このロビイストの顧客との会合をもち、彼らの前でエイブラモフを絶賛した。

あの手この手で議員との関係を強化するロビイスト。彼らの求めに応じて議員活動を行う政治家。この陳述書は、両者の関係を浮かび上がらせた。

さらにこれを読むと、テキサス州エルパソのティグア部族に関して、実際には出さなかったもののネイは修正案を提出するとエイブラモフに約束していたこと、〇二年八月に副部族長のヒサらをワシントンに招いて会合をもちネイがエイブラモフを絶賛したのは両者の合意に基づく猿芝居だったこと、などがわかる。

ちなみにこの当時の議会規則は、議員に対する贈答は一回五〇ドル以下、一年で総額一〇〇ドル以下と定めていた。ネイやエイブラモフは、このルールを完全に無視していた。

もう一人、エイブラモフと親密な関係にあった政治家、トム・ディレイも、〇五年九月に選挙資金規正違反事件に関与したとしてテキサス州で起訴され、政治的な命脈を絶たれた。

エイブラモフ周辺にいた人々も捜査の対象となり、相棒のマイケル・スカンロンは〇五年一一月起訴され、下院管理委員会委員長のネイの下で首席補佐官をつとめたネイル・ボルッと、ディレイの副補佐官だったトニー・ルディーも、それぞれ議会スタッフ時代にエイブラモフから食事やスポーツ観戦のチケットをもらった見返りに法案審議への影響力を行使したとして裁きを受ける身となった。政治家の威光とカネの力を最大限に利用して権勢を誇った「チーム・エイブラモフ」は完全に崩壊した。

献金の仲介者

この事件報道で終始リードし〇六年のピューリッツァー賞に輝いたワシントン・ポスト紙は、九九年から〇四年の間に、インディアン部族に要請した献金や彼らから巻き上げたカネなどを原資にした献金などの形で、エイブラモフ関連のカネが総計五三五万五〇〇〇ドル、政界にばらまかれたと報じた。また公開情報をもとに政治資金の流れを監視するワシントンの市民団体、「有権者の期待にこたえる政治センター」の調べによると、九九－〇六年の間にエイブラモフとインディアン部族から献金を受けていた連邦議員と政治団体は、全部で三一五人・団体に上った。献金受け取り額の大きかった上位二〇人の議員のうち一四人が共和党、六人が民主党。その多くは予算の配分などを決める上下両院の歳出委員会に所属する議員だった。

一番多く受領していた共和党上院議員ら何人かは事件が表面化した後、あわててカネを返却した。さらに、当時、共和党支配の下院で議長をつとめていたデニス・ハスタートも、エイブラモフが罪を認めた〇六年一月三日の当日、献金分を慈善団体に寄付すると発表した。ワシントン・ポスト紙の調べでは、同議長はエイブラモフが経営するレストランでロビイストやインディアン部族などを招いた資金集めパーティーを開き、二万一五〇〇ドルを得ている。

ここに、なぜ政治家とロビイストが緊密な関係を築くのかという疑問を解く鍵が垣間見える。ロビイスト本人だけでなく、同じロビイスト事務所に勤める同僚や親族も政治家への献金者にする。さらにロビイストはインディアン部族のような顧客側にも献金を依頼する。エイブラモフが献金を要請したのはエルパソの部族だけではない。たとえば、共和党の上院議員コンラッド・バーンズの場合、九九年以降、合計で四万九五九〇ドルがインディアンの諸部族から政治献金として支払われていたが、これらの部族はみなエイブラモフの顧客だった。

政治資金はFECが厳しく規正しており、献金の限度額も決まっている。しかし、多人数が献金してくれれば資金は積み上がっていく。米政界の事情に詳しい関係者はこう言う。

「政治家の側から見れば、ロビイスト一人の背中に何万ドルの献金者リストが貼り付けてあるようなものだ」。

カネが流れたのは議会だけではなかった。エイブラモフは〇四年のブッシュ大統領再選のために一二万ドルに上る献金を集めた。そしてこれを評価され、同大統領からホワイトハウスのクリスマスパーティーに招待されている。

このことが明るみに出たとき、ブッシュ大統領は「エイブラモフと会った記憶はない」と強調しながらも、一二万ドルのうち六〇〇〇ドルを慈善団体に寄付したと発表した。なぜ六〇〇〇ドルだけなのかと問われた当時のスコット・マクレラン報道官は「慣例に従い」と繰り返すだけだった。自身でも「そのような前例は数少ないのだが」と弁明しつつ。

ところが、その後の下院の調査で、さらにエイブラモフは別々の機会に合計六回、ブッシュ大統領と記念写真を撮っていたことがわかった。エイブラモフはエルパソのティグア部族にこう言って自慢したことがある。

「自分はブッシュ大統領にも影響を及ぼすことができる。大統領から政府高官のポストをいくつか提示されたんだが、すべて別の人に譲ってやった」。

真偽のほどは確認されていない。

政治家と「ただメシ」

ワシントンの連邦議会議事堂に程近いペンシルベニア通り八〇一番地。東に白亜の議事堂がそびえ、西にホワイトハウス一帯の木立がのぞめる。

この広い幹線通り沿いに「シグニチャーズ」という大きなレストランがあった。すぐ隣には海軍メモリアルと呼ばれる噴水を中心とした小さな公園があり、多くの観光客でにぎわうエリアだ。オーナーは当時絶頂にあったロビイストのジャック・エイブラモフ。

〇二年二月の開店時、エイブラモフは議会や政府の関係者を集めて盛大な開店記念パーティーを催した。ジャーナリスト、ピーター・ストーンの著書によると、下院院内総務のディレイをはじめ共和党系の議員やブッシュ大統領の側近たちも顔をそろえた。そしてこのあと、シグニチャーズは共和党を中心に多くの議員がランチに、そしてディナーにと集い、ここで食事をすることが一種のステータスシンボルになっていく。

それだけではなかった。多くの議員がこの店を利用して寄付金集めのパーティーを開いた。その中にはハスタート下院議長も含まれていた。もちろん、議員たちは金を払うこともあった。しかし、対価を払わずに飲み食いする政治家も少なくなく、〇二年から〇三年にかけての二年間で一八万ドルが「ただメシ」としてレストランの会計から支出されたという。

ちなみに多額の資金をだまし取られたエルパソのティグア部族も、エイブラモフからこのレストランに招待されたことがある。副部族長のヒサの記憶によれば、〇二年の夏、下院管理委員会委員長のネイに会いにワシントンに行ったときだったという。議員やロビイストなどが集うワシントンの高級レストラン。ヒサの目にメニューの品々はどれもおいしそうに見えた。実際に食べた料理も素晴らしいものだったのを、ヒサは鮮明に覚えている。

エイブラモフの起訴に伴い、シグニチャーズも閉められた。いまは別のイタリアン・シーフードの店として繁盛しているが、従業員はこの店が以前どんな場所だったのかなどは知らないようだ。

「シグニチャーズ？　以前ここにあった店がそういう名前だとは聞いたことがあるわ」。

カネに目がくらんだ辣腕ロビイストのにおいはすでに消されている。

「恥ずべき歴史の一ページ」

テキサス州エルパソに住むティグア部族のカジノに関してその後動きはなかった。部族は〇七年、州当局との直接交渉の末、「喋る岩のカジノ」を「エンターテインメント・センター」として再開させた。中を覗くと日本のゲームセンターを豪華にしたような感じで、昼間から大人に交じって少年少女もうろうろしていた。しかし部族によると、スロットマシンなど射幸心をあおる機械がおいてあるカジノではないため以前の稼ぎには遠く及ばないのだという。エイブラモフにむしり取られた四二〇万ドルも、政治献金も、まったく戻ってきていないティグア部族は、いまでも州政府に本格的なカジノ再開を許可するよう働きかけているが目途は立っていない。ゲームセンターやカジノが青少年によい影響を与えないのは部族も十分承知しているが、てっとり早い現金収入源はこれ以外ないのだという。

事件に巻き込まれた形のヒサには忘れられない光景がある。〇四年一一月一七日、上院インディアン問題委員会で事件の全容解明に向けた公聴会が開かれた。議会公聴会での証言は宣誓を伴う。偽証すれば罪に問われる可能性もある。証人としてエイブラモフの相棒だったスカンロンも召喚されていたが、事件の捜査が進行中であったため、彼はすべての質問に回答を留保した。

公聴会を主催したのは同委員会のベン・ナイトホース・キャンベル委員長。インディアン出身者として上院議員になった数少ない政治家の一人だ。スカンロンの証言拒否でしらけたまま公聴会が終了しようとしていたとき、委員長のキャンベルはスカンロンを見すえてこう言った。口調は穏やかだったが強い怒りがこもっていることは明らかだった。

「委員長としてではなく、インディアン部族の一人として発言する。あなたに言っておく。この国では四〇〇年の間、人々はインディアンをだましてきた。したがって、スカンロンさん、あなたが最初というわけではない。しかし、文明化し民主化された今日、アメリカ・インディアンに対する恥ずべき歴史に一ページを加えたということは、言語道断である」。

ヒサは、リーダー格として部族に大きな損害を与えてしまったことから落ち込んでいたが、このときの委員長の発言は救いだったという。

「インディアン部族は生き残るために戦ってきたんです。しかし、それは簡単ではなかった。カジノは有効な手段だったんだが、そこでもだまされた。部族のみんなをがっかりさせてしまって絶望的な気分だったところに、委員長の発言を聞きました。そのときの私に、「委員長の言う通りだ」という以外、一体何が言えたでしょうか」。

5　肥大化するロビイスト産業

骨抜きにされる法案

二〇〇六年にジャック・エイブラモフやボブ・ネイらが起訴されたことを受け、米国内ではロビー活動の規制強化を求める声が大きくなった。その結果、連邦議会は紆余曲折を経て〇七年に「偽りのないリーダーシップと開かれた政府法案」を通過させ、ブッシュ大統領も署名し成立した。

この法律には、下院議員は辞めてから一年以上、上院議員は二年以上経なければロビイストに転身できない、議員への贈答品は原則として禁止するなどという条項が入った。

この法案の審議に対してロビイストたちは真剣に反対した。一部に詳細な面会記録の公開を義務づける案もあったためで、彼らはロビー活動を展開した。

ロビイストは「規制を強化すれば不必要な事務作業を増やすだけだ」とか「われわれが誰かに会って何をしたかすべて示したところで、国民は何も得をしない」という理屈を展開した。ロビイストの団体である「全米ロビイスト・リーグ」はこう宣言した。

「ロビイストによる集中的なロビー活動が予想される」。

規制強化に反対するロビイストたちのロビー活動が奏功。この法案の内容は二転三転した。そして最終的には贈答の禁止など一定の規制強化策は盛り込まれたものの、ロビイストたちの活動に大きな影響は与えないような形でおさまった。

透明度はやや高まったが、ロビイストの献金が禁止されたわけではなかったため、改革推進派からは不満の声も聞かれた。市民団体「パブリック・シチズン」は「次の課題は特別利害関係者のカネを選挙から排除していくことだ」と強調した。

ジャック・エイブラモフの事件で政治家との不透明な関係が表面化、世論が一段と厳しい目を向けるようになったときも、産業としてのロビー活動は成長を続けていた。

市民団体「有権者の期待にこたえる政治センター」は議会への提出書類などをもとに全米でロビー活動のために支払われた金額を集計している。それによると、一九九八年に一四億五〇〇〇万ドルだったものが、エイブラモフが起訴された〇六年には二六億ドルに拡大、さらに〇七年には二八億二〇〇〇万ドルにまで増えた。

〇六年や〇七年はロビイスト批判が沸騰し、「偽りのないリーダーシップと開かれた政府法案」の動向が連日各紙をにぎわせていた。景気の情勢などにも左右されるという要素はあるものの、エイブラモフ事件が起ころうが、議会で規制論議が交わされようが、ロビイスト産業は打撃を受けていない。

Kストリートのいま

一七九〇年代に設計されたワシントンは人工的な街だ。連邦議会議事堂、ホワイトハウス、各省庁の大きな建物が緑の中に整然と配置されている。道路も碁盤の目のように通っているので、この街の住人はストリートの名前を聞けばおおよその場所の見当はつく。

通常、Kストリートといえば、市北西部の繁華街を指す。ホワイトハウスの北側をまっすぐに東西に走り、周辺にはオフィスビルが立ち並ぶ。

しかし、米国で、特に政治関係の話題でKストリートという時、そこには特別な意味がこめられる。六〇年代からこの通り沿いにロビイストの事務所が集中したことから、Kストリートと言えばロビイスト産業のことを指すようになった。

いまは、大手のロビイスト事務所はKストリートを離れ、ホワイトハウスの東側や、もう少し北のMストリート周辺などに移転している。ワシントン・ポスト紙が〇六年に調査したところ、大手ロビイスト事務所二〇社のうちKストリートに残るのは二つだけ。市街地の再開発などで新しいビルが建ち、手狭な旧来のオフィスを捨てて多くが移転していったのだという。

ワシントンには大勢のロビイストが働いており、現在は三万人以上が登録している。この数字は引退したり亡くなったりしたロビイストを相当数含んでいるが、この一〇年で二倍に膨んでいるという。実際に活動しているのは一万六〇〇〇人程度のようだ。

ロビイストの語源には諸説あるが、ワシントン・ポスト紙によると名付け親は第一八代のグラント大統領というのが有力だという。同大統領はホワイトハウスのすぐ近くにあるウィラード・ホテルをよく利用した。このとき、このホテルのロビーで陳情しようと待ち構えていた一団を大統領が「ロビイスト」と呼んだ、という説だ。

ロビイストの顧客はさまざま。大企業だけでなく、業界団体、自治体、労働組合、大学、病院などが多額の契約金を払っている。日本を含めて海外の政府や企業も、自分たちの主張への理解を求めて政府や議会に陳情するためロビイストと契約を結ぶ。

最近は議員を辞めてロビイストになるケースも非常に多い。市民団体の「パブリック・シチズン」が〇五年にまとめた調査によると、九八年以降、連邦議会議員を辞めた政治家のうち四三%がロビイスト登録している。この傾向は下院よりも上院で、民主党よりも共和党に強く現れているという。昔の同僚からものを頼まれれば、なかなか「ノー」と言いにくいのは洋の東西を問わない。議員のスタッフたちも民間に転出し、何年か後に再び議会や政権に戻るケースも多い。これはリボルビングドア(回転扉)と呼ばれる。

ロビイスト事務所は政治の動向に敏感だ。彼らは多数を占める政党にアクセスができないと顧客の注文をうまくさばけない。このため、政治の風向きを感じ取り事前に手を打つ。

たとえば、〇六年夏。上下両院の選挙、いわゆる中間選挙がこの年の一一月に予定されていたのだが、イラク戦争の不人気もあり「民主党が多数党に返り咲くのではないか」との観測がしきりだった。それにあわせるようにロビイスト事務所は、上下両院各委員会の民主党側スタッフや民主党の実力派議員のオフィスから、次々と人材を引き抜いていった。

選挙の結果、実際に両院とも支配政党が共和党から民主党に変わり、ロビイストとしての活動を始めた民主党系の前スタッフたちはかつての同僚やボスと接触をはかり、多額の契約金を払う顧客の要望をつないでいる。

避けられぬ矛盾

エイブラモフ事件もあり、ロビイストという単語が、攻撃の対象として使われる機会は増えている。〇八年の大統領選挙では予備選の段階からロビイストなど特定の利益代表と手を切っているかという点が問題になった。候補者たちが自らこれを争点にしたのだ。曰く、「ロビイストとの関係は悪習に染まっているかいないかの試金石になる」「ロビイストたちは米政界のシステムの一部なのではない。彼らは問題の一部なのだ」などなど。

しかし、米国で何か政治的な行動を起こそうとすれば、ロビー活動に関与する人々が必ず入り込んでくる。それは共和党も民主党も同じだ。

「ロビイストが有権者と政治家を引き離してきた」。〇八年の大統領選挙で共和党の候補者となった上院議員、ジョン・マケインは繰り返しこうアピールした。ところが、マケイン陣営そのものがロビイストであふれていた。エネルギー問題のアドバイザーはロビイストとして活躍していたし、選挙対策本部の幹部二人はロビイストとして軍事政権のイメージアップ工作でミャンマー政府と契約を結んだ企業に関係していた。選対本部共同議長という最高幹部もサウジアラビアの代理人をしているロビイストだった。

このうちの一人は下院議員からロビイストになった人物。いわゆる回転扉を通った一人だ。マケイン陣営が選挙ホームページでこう宣言していたにもかかわらずである。

「マケイン氏はこれまで回転扉と呼ばれるものと戦ってきた。それはどんなものかというと、議員や政府高官がポストを離れた後、彼らが援助してきた特定の利害関係者のためロビイストになる仕組みだ」。

自分たちが批判している人種が、堂々と幹部として名を連ねる矛盾は不可避だ。マスコミに「マケインは言っていることとやっていることが違う」と指摘され、これらの幹部は相次いで陣営を去っていった。

こういう現象は、共和党だけのものではない。

〇九年一月に大統領となったバラク・オバマも就任直後同じような問題にぶつかった。

彼はホワイトハウス入りした翌日、大統領令を発した。

「ロビイストが過去二年間に関与した業界にかかわりのある政権のポストに就くことを禁止する」。

いわゆる回転扉の慣行に歯止めをかけるのがねらいだった。しかし、この大統領令が発せられた直後から、こんな疑問が投げかけられた。

「オバマ氏が国防副長官に指名したのは、国防産業のロビイストだった人間じゃないのか」。共和党側からは「民主党政権はルールをつくった次の瞬間、それを破った」と皮肉る声も聞かれた。ニューヨーク・タイムズ紙によると、こういう疑問や批判に対して、オバマ政権高官はこの人事が大統領令に反していることを認めた上で、国防副長官のケースだけ「大統領令の適用除外」としたことを明らかにした。

ロビイストという職業は政権への「貴重な」人材供給源になっている。

反撃するロビイスト

〇八年の大統領選挙で、共和党・マケイン、民主党・オバマの両候補がそろって「ロビイストは好ましくない存在」とキャンペーンを繰り広げたのに対して、全米ロビイスト・リーグは声明を出しこう反論した。

「両候補とも、これまでロビイストとともに仕事をしてきた。そして両候補はロビイストがインプットする情報の価値もよく知っているし、ロビイストからの合法的な選挙運動資金も受けてきている。にもかかわらず彼らはいざとなると、われわれを狼の群れの中に放り出すことを躊躇しない」。

これまでさんざん頼りにしてきて、都合が悪くなったら邪魔者扱いか——。ロビイストたちの憤りの声だろう。

この団体は、個人のロビイストで構成される。会員は民主、共和両党の議員たちがいかにロビイストを重宝し、活用しているのかを熟知している。同リーグのブライアン・パラシュ理事長はこう強調した。

「一般の人が民主的な政治過程におけるロビイストの役割をきちんと理解しているとは思えません。だからロビイストは標的になりやすいのです」。

ちなみに、〇八年の大統領選挙でロビイスト個人もしくはロビイストから集まった献金は、オバマ候補約四二〇〇万ドル、マケイン候補約一一〇〇万ドルに達した。政治資金の流れを監視する「有権者の期待にこたえる政治センター」の集計だ。

「ロビイストに支配される政治と決別するときだ」と叫ぶ一方で、巨額のカネをロビイストから受け取り、選挙対策本部の幹部に配置する。米国の政治的現実が見える。同リーグの関係者は「ロビイストを批判する一方で、彼らに献金をせがんでいることの偽善について、政治家もロビイストもよくわかっている」と話している。政治家とロビイストは暗黙の了解で「批判ゲーム」に興じているだけなのかもしれない。

一方、新聞への意見広告で真正面から反論するロビイストも現れた。ブッシュ政権で駐ベルギー大使をつとめた共和党系の大物ロビイスト、トム・コロロゴスだ。彼はウォール・ストリート・ジャーナル紙に投稿して「ロビー活動は古今東西行われている正当な行為だ」と主張した。ロビイスト個人が新聞などで批判に反撃するのはめずらしい。話を聞いてみた。

――投稿に反応はありましたか。

「もちろん多くの友人から、よくぞ言ってくれた、と電話をもらいました。遠くはシンガポールや欧州からもね。もちろん、私の論に反対する方からも反応があった」。

――なぜロビイストに対する批判が強いのでしょうか。

「それはわれわれをターゲットにしやすいからでしょう。しかしこの国ではロビイスト抜きには制度が回らない。教員も農民もビジネスマンも、みんなそれぞれの声を代表する人が必要なのです。政治家もデータや情報をロビイストからもらおうと期待しているのです」。

――ロビイスト産業がこれだけ大きくなったのはなぜなのでしょうか。

「毎日毎日、何か新しいことが起こる。規制から、税から、いろいろなことでね。そして、みんな自分で自分を守らねばならないのです」。

――時代が速く動くから議会などへの要請ごとが増えるということですか。

「その通りです」。

――でもロビイストは政治家への献金も欠かしていません。政策をカネで買うことにはなりませんか。

「それは的外れな議論です。確かにロビイストからの政治献金もあるでしょう。しかし、献金はどのような組織でも行っているんです。企業であろうと、労働組合であろうと、献金の権利はみな同じなんですよ」。

ちなみに連邦選挙委員会(FEC)の記録によると、現在コロロゴスがアドバイザーをつとめるロビイスト事務所は、〇八年の選挙で九五万ドル強を候補者たちに配っている。同業者の中でも五本の指に入る高額だ。

PR会社との提携

ロビイストは単独で仕事をしているわけではない。PR会社と組んでの世論誘導が一般的になっている。PR会社というのは日本の広告代理店に似ている。メディアだけでなく世論誘導に有効な手段は何でも使う。

インディアン部族を手玉に取ったジャック・エイブラモフは、反カジノの宗教右派、課税に反対する団体などを動員しながら工作を進めた。彼らが騒げば社会問題化する。社会問題化すれば政治家の決断に影響を与える。エイブラモフはそのことをよく知っていた。

しかし、これはエイブラモフや相棒のマイケル・スカンロンが考え出したものではない。九〇年代初めに起こったある事件以降、急速に普及した手法だという。

ワシントン・ポスト紙によると、民主党系の大物ロビイスト、ジェラルド・キャシディーが一躍ワシントンの街で有名になったのは、九二年に当時のジョージ・ブッシュ大統領（父）の決定をひっくり返したことによる。このときキャシディーはロビー活動を展開するだけでなくPR会社を使った。

米海軍の原子力潜水艦シーウルフは、冷戦の終結で不必要になったと判断されたため、ブッシュ大統領は九二年一月の一般教書演説で、建造費を他の予算に振り向けると宣言した。同紙によると、シーウルフを造っていたゼネラル・ダイナミクス社の依頼を受けたキャシディーは、まず関連のPR会社を使い、この問題への社会的関心を呼び起こす運動を始めた。そしてシンクタンクやメディアに働きかけて「潜水艦の建造をやめたら生産能力が失われ次の脅威に対応できない」というキャンペーンを張った。それと同時に草の根の運動を展開。シーウルフ建造に関係のある工場や企業の立地する地域に入り込み、有権者たちに手紙を書かせた。宛先は地元選出の上下両院議員。内容は「建造中止反対」と。

そしてキャシディーは議員たちに直接働きかけ、この問題で公聴会を開催させた。米議会で公聴会が開かれるということは、その問題が議会全体のテーマになったことを意味する。「地元の議員が一人二人騒いでいる程度」といった認識のホワイトハウスの対応は後手に回っただけでなく、公聴会に出席した海軍関係者までが「建造中止反対」を主張した。

流れは決まった。九二年五月、上下両院は建造中止の提案を否決し、キャシディーのロビー活動は圧倒的な勝利を収めた。

カジノの地元州で「反ギャンブル」運動を展開したエイブラモフのやり方と構図は同じ。いまロビイスト産業の実態を語るとき、PR会社の存在は無視できない。

コンサルタントという職業

これに加えてコンサルタントという職業もワシントンでは非常に多い。この職業に明確な定義はない。もともとはロビイストに案件を紹介し成功報酬として契約額の一〇％程度をもらう人々のことを指した。いまはむしろ、環境、労働、通商、外交など、自分の得意とする分野の情報を集め、企業や大使館などに提供する人々をコンサルタントと呼ぶことが多いようだ。法案審議の見通しや国際交渉の行方、そして政権の人事まで、コンサルタントたちの扱う情報は雑多だ。ロビー活動はできないが、彼らは議会や政治関係者との情報交換を通じて独自のネットワークを構築、ワシントンのインサイドプレーヤーとなっている。

また、民間企業の紛争に介入するなど、独自の動きを展開するコンサルタントも目立つ。たとえば、「日米の黒幕」と言われたジョン・カーボなどはその典型だろう。防衛省幹部の汚職に発展した山田洋行事件でも名前が出たこの人物は、タカ派として有名だった共和党上院議員、ジェシー・ヘルムズのスタッフとして活躍したあと民間に転じ、コンサルタント会社を経営していた。安全保障分野に強く、米国だけでなく日本にも知り合いが大勢いた。

カーボのパターンは、少しでも政治的な場で名前が出た企業などに、「このまま放っておくと大変だから」と言って仲介を申し出る、そして自らのコネクションを動員して事態を収める、ひょっとしたら収めたように見せる、そして仲介料を取るというものだったようだ。

ある日本の大手企業関係者も「カーボが来て、ある案件で自分を雇えと言うんです。確かに彼は凄腕だったのかもしれませんが、押し付けがましい態度はかなり腹立たしく感じました。でも要請を断って面倒なことになってはかなわないと思って、一応最低限のお願いはしました」と話す。

親交のあった財団法人日本総合研究所会長の寺島実郎によると、カーボはFSX(次期支援戦闘機)商戦から米軍再編問題まで顔を突っ込んでいた。「中には「マッチポンプの両刃の剣」として忌避する人もいたが、日米間の懸案事項について相互の本音と落としどころを探るチャンネルとして機能していたといえる」と寺島は記している。(『世界』二〇〇六年六月号)

コンサルタントは、ロビイストやPR会社と渾然一体となって米国の政治に影響を与えている。

規制緩和とロビー活動

ロナルド・レーガン大統領以降、米国の経済政策は規制緩和が主流を占めていた。「小さな政府」を目指し、市場の自主性を尊重し、公的な介入をできるだけ避けるというコンセプトが規制緩和の背骨だ。普通に考えれば、政府や議会の力を利用するロビイストたちには逆風の時代のはずだ。しかし、九〇年代以降ロビイストの数は倍増し、周辺分野を巻き込み産業化した。なぜ規制緩和経済のもとでロビー活動が拡大してきたのか。

カリフォルニア大学ロサンゼルス校のジョエル・エイベルバッハ教授はこう指摘する。

「逆説的だが議会を含めた政府の存在がより重要になっているということだ。利益配分などの局面でより中核的な役割を果たしている。それに対して人々が政府に影響を与えたいと思うのは驚くに当たらない。あるビジネスでA社がロビー活動を展開したら競争相手であるB社もロビイストを雇う。その結果、利益がもたらされるのを見たら、ロビー活動はより魅力的になる」。

「そもそも規制緩和について神話がある。たとえば航空産業だ。規制が緩和され新しい航空会社が参入してきた。しかし航空産業を統治する規制は厳然と存在し続ける。したがってロビー活動は続く」。

要するに、規制緩和で自由化が進んだものの、規制そのものがなくなったわけではないこと。そして規制が、緩和か、強化か、現状維持か、どちらに向くか不透明になればなるほど、ロビイストの活躍の余地が広がるということのようだ。そして相手が一万ドルをつぎ込んでロビー活動を展開すればライバル側は二万ドルつぎ込む、というようにどんどん競争はエスカレートしていく。エイベルバッハ教授はこれを「軍拡競争」と名づけている。

ワシントンのロビイスト事情に詳しいジョン・ハーウッドとジェラルド・サイブの著作によると、グローバライゼーションの到来で、企業や業界はより政府の助力を必要とするようになった。そして二〇〇〇年以降、これと連動するようにロビイストの数も、連邦政府職員の数も増えてきたという。経済社会との接点で政府の果たす役割は拡大を続けているようだ。

またエンロンをはじめとする経済犯罪やテロを防止するための規制も増大しており、米国の経済界から不満が出ている。最近は「企業会計や監査などの厳格化を求めた法律が厳しすぎる」とか「同時多発テロ事件以降、輸出入業務やビザの発給が厳しく規制されビジネスに支障が出ている」などの声が聞こえてくる。

そしてこれら一つひとつの具体的な案件でロビイストへの需要が発生する。

「あるグループは社会の利益とか企業の利益など、何かを保護しようとしてロビー活動を繰り広げる。別のグループはビジネスにとっての新天地を開こうとしてロビイストを雇う。変化する時代にわれわれは不可欠な存在といえる」。

あるロビイストの見解だ。

二〇年にわたり共和党の下院議員をつとめ、ロビイストの攻勢を受けたこともあるブルッキングス研究所客員研究員のビル・フレンゼルも同意見だ。

「確かにいまは規制緩和の時代だが、行政府や立法府は以前よりも民間活動のさまざまな側面に関与することになった。これがロビイスト産業の拡大につながっているのです。技術の発達に伴い世界はより複雑になり小さくなっているが、企業や個人が許認可や保護を求めて請願する機会は増えています」。

規制緩和時代に政府の関与が増えるという逆説。そしてそこにビジネスチャンスを見出すロビイストたち。政権が交代しようが、議会の多数党が入れ替わろうが、米国でロビイストの活躍の場がなくなるとは思えない。

七割が「議会支持せず」

米国憲法修正第一条で請願、つまりロビー活動の権利は保障されている。しかし、汚職議員の起訴やそれを疑わせるスキャンダルが間欠泉的に続き、政治家やロビイストが権益の守護神として暗躍するとき、米国民の政治不信は増大する。それは議会制民主主義の理念に対する根源的な問いかけとして「政治とは一体誰のためのものなのか」という疑問につながる。『アメリカ民主主義の裏切り』でウィリアム・グレイダーは特定の利害関係者を優遇する政治が「市民の信頼の喪失」につながることを憂えた。しかし、それはすでに現実のものとなっている。世論調査会社ギャラップによると、二〇〇八年、米連邦議会に対する支持は二〇％を割り、不支持は七〇％を超えた。

なぜこれだけ不支持が増えるのか。もちろん表に出たスキャンダルの数々に嫌気がさしたことも影響しているだろう。しかし、むしろ米国民はこれらの醜聞と同類の話がワシントンの政界には満ちていることを十分に理解しているのではないか。

テキサス州エルパソのティグア部族をだましたロビイスト、ジャック・エイブラモフの事件では、ロビイストの顧客のために動くことを前提としてボブ・ネイが献金をせがんだことが不正とされた。しかし、政治家が献金者の意向を完全に無視して活動することは非常にまれ。捜査当局の摘発の対象とされた行為と、日常のロビー活動は紙一重だ。

エルパソの東に広がるティグア部族の居留地。その一角に、小さな資料館が建っている。中にピンボケの白黒写真が一枚飾ってあった。

一九三六年六月一二日、テキサス州ダラスを訪れたフランクリン・D・ルーズベルト大統領に会い、羽飾りをプレゼントしているティグア部族の指導者たちという写真説明がついている。どういう状況で撮影されたのかは判然としないが、部族の指導者たちは東の都から来た大統領を歓待し、ルーズベルトも笑っているように見える。

それから七〇年。同じように東の都からやってきたロビイストは、ティグア部族を金権政治の渦の中に放り込み、そして去って行った。

米政界の日常で、どのような金権政治が渦巻いているのか。合法と違法の境はどこにあるのか。それらの具体例を次章以降でも検証していく。

第 2 章
アメリカ政治は なぜ金権化するのか

遊説先でのオバマ氏．史上最高額の選挙資金を使っての当選は論議を呼んだ(AP Images)

ロビイストのジャック・エイブラモフが起こした事件は米国政治の日常から大きく乖離しているわけではない。政治家との強い絆。その触媒となる献金。ワシントンを観察するとき必ず目に入ってくる問題だ。特に二〇〇八年の大統領選挙のように当選のための経費が飛躍的に増大している昨今は、集金メカニズムをどうやって確立するかがきわめて重要になる。「政策立案プロセスへの関与がカネで買われているに等しい」との批判も高まっているが、政治家はもっぱら献金者やそれを取りまとめてくれた人々の声に耳を傾けるようになる。米国を裏で支える政治献金について報告する。

1　利益相反なんのその

うごめくＰＡＣ

ニューヨーク・マンハッタン。「イエローキャブ」と呼ばれるタクシーが行きかい、人々がひしめき合う。

五番街のすぐ東側を南北に延びるマジソン街の四六丁目から四七丁目にかけて、一ブロックを占領する形で大きなビルが建っている。見上げると青空を占拠されているような威圧感がある。大手証券会社、ベアー・スターンズの本社だったビルだ。「本社だった」と過去形で表現しなければならないのは、〇八年三月、低所得者向け高金利型（サブプライム）住宅ローン問題のあおりを受けて経営が破綻し、米銀行大手のＪＰモルガン・チェースに救済合併されたためだ。

この破綻劇は世界に衝撃を与えた。米連邦準備制度理事会（ＦＲＢ）が異例の措置を相次いで発動し市場の崩壊を支えたが、そのニュースに接した世界の市場関係者やエコノミストたちは「アメリカ経済はそこまで悪化しているのか」と浮き足立った。その半年後、大手証券会社リーマン・ブラザーズの破綻、金融大手のシティグループや保険最大手アメリカン・インターナショナル・グループ（ＡＩＧ）の救済劇など、米国金融界の混乱はピークを迎えるのだが、ベアー・スターンズはその端緒を示す象徴的存在となり、本社ビルの映像もテレビや新聞で繰り返し報道された。

マジソン街三八三番地。これがベアー・スターンズ本社ビルの住所。ここに本部をおく団体がもう一つあった。

「ベアー・スターンズ政治選挙運動委員会」

この政治団体が連邦選挙委員会（ＦＥＣ）に届け出た本部所在地もマジソン街三八三番地。事実上同社と一体になったこの団体は、いわゆる「政治活動委員会」だ。

「ポリティカル・アクション・コミッティー（Political Action Committee）」の頭文字をとってＰＡＣ《パック》と呼ばれるこの団体は、米国の政治献金で中心的な役割を果たしている。そしてベアー・スターンズＰＡＣは、同社の政治部隊としての役割を果たしていた。

ベアー・スターンズは政界に選挙資金を提供する有力企業の一つだった。しかも事業規模に似合わないほど多額の政治献金を繰り返していた。

米国では二年に一度の下院議員選挙のサイクルにあわせて献金の限度額などが定められる。決めているのは六人の委員で構成されるＦＥＣ。ワシントンの本部では企画立案や調査などのスタッフが委員たちを補佐し、献金限度額の改定などだけでなく違反にも目を光らせる。

ＦＥＣの資料によると、〇六年六月末の段階で、ベアー・スターンズＰＡＣは五一万三〇〇〇ドルの政治資金を用意した。その年の一一月には二年に一度の連邦議会選挙が控えている。下院の全議員、上院の三分の一が改選される。当然選挙運動にも熱が入り、カネもいる。政界の金庫役となるＰＡＣもカネを集めておく必要があった。

ちなみに、このとき、最も資金を手元に集めていたのがビールのアンハイザー・ブッシュ社のＰＡＣ。このほかにもファイザー、ウォルマート、ロッキード・マーチンなど大企業や大きな労働組合のＰＡＣが名を連ねる中、ベアー・スターンズＰＡＣは六月末の「手持ち資金」の額で上から一九番目のポジションにつけていた。銀行、証券、保険などの金融機関の中では七番目の額だ。本業の証券業務では業界五位という同社の事業規模から考えれば、ＰＡＣの資金の大きさはやや不釣り合いだった。

資金集めのパターン

米国では企業が直接政治献金を行うことは全面的に禁止されている。しかし、個人献金は限度額の範囲内ならＯＫ。多くの有力企業はＰＡＣをつくり、社員や関係者の個人献金をそこに集めては政界に資金を流している。〇七年から〇八年にかけて、ＰＡＣは個人の政治家に対して一回の選挙で五〇〇〇ドルまでの資金提供が可能だった。つまり予備選挙と本選挙を合わせた献金限度額は一万ドルというわけだ。〇五―〇六年の限度額も同じだった。

米国では、大統領選も議会選も、党内の予備選を勝ち抜いた候補が本選挙に臨む。ベアー・スターンズが資金を蓄えていた〇六年六月というのは、いよいよ本番の選挙に向けて政治家の資金需要が高まるころだ。

ではPACは具体的にどんな形で資金を流しているのか。FECに提出された〇五年、〇六年二年間のベアー・スターンズPACの収支報告書を読むと、企業が関与する献金のパターンが浮かび上がってくる。

まず歳入。ベアー・スターンズPACに流れ込んでくる資金は九九％が従業員からの献金だ。従業員といっても幹部。〇五年から〇六年の献金者は二七七人。ほぼ全員が「シニア・マネージング・ディレクター」という肩書きで統一されている。額は一人二五〇ドルから五〇〇〇ドルの間。同社中興の祖として長年、最高経営責任者（CEO）などをつとめたアラン・グリーンバーグは〇六年の一〇〇〇ドルを除き、九七年から毎年五〇〇ドルの献金にとどめていたことなどもわかる。

社内ではどのような呼びかけが行われていたのか。

ベアー・スターンズのチーフ・エコノミストを辞めて経済分析の会社を立ち上げたジョン・ライディングによると、一定の幹部以上には献金が期待されていたという。露骨な強制はなかったものの、各職場には「ＰＡＣからの献金要請を伝えてくる人間」が一人いて、タイミングを見計らっては、幹部社員に対して「何か忘れていませんか」と回ってきた。そしてライディングの表現を借りれば「おせっかいにも献金を思い出させてくれた」のだという。ＰＡＣは企業本体とは別の任意の団体ということになっているが、実態を見るとその垣根は低い。

ＦＥＣの記録によると、ライディングは〇二年二月二二日付で五〇〇ドルをベアー・スターンズＰＡＣに送っている。

「私は献金の要請をほとんど無視していた。献金したのも一回だけだ。私のお金だし、そういうことに使われるべきではないと感じていたからだ」とライディングは話す。

これら従業員からＰＡＣに対する〇五、〇六年度の献金額の合計は五六万五四〇〇ドル。これが歳入の柱となる。

一方の歳出。〇六年の選挙に向けて合計で二三万五〇〇〇ドルが政治家に流れている。ＦＥＣの資料を見ると、そこには政治家の実名が並んでいた。

▽〇六年一月二六日、ジム・マクレリー下院議員に五〇〇〇ドル

▽〇六年三月七日、ベンジャミン・ネルソン上院議員に二五〇〇ドル

▽〇六年一〇月九日、リチャード・ベーカー下院議員に二五〇〇ドル

などなど。

それ以外にも共和党選挙対策本部に五万二五〇〇ドル、民主党の本部に三万五〇〇〇ドルが拠出されている。

特に目立つのは、上院の銀行委員会、下院の金融サービス委員会という、金融機関の規制に関係する委員会に所属する議員たちへの献金が多いことだ。たとえば、下院金融サービス委員会の委員長をつとめるバーニー・フランク(民主党、〇六年当時は筆頭委員)へは四回に分けて五五〇〇ドル。現在同委員会の共和党筆頭委員をつとめるスペンサー・バッカスには三回に分けて一万ドル、デボラ・プライス(共和党)にも三回に分けて一万ドル、などだ。ちなみに〇六年当時引退を表明していた委員長のマイケル・オックスレー(共和党)にも五〇〇〇ドルが献金されている。ベアー・スターンズPACから資金が流れた四二議員のうち、確認できただけで半数の二一人が金融サービス委員会か銀行委員会のメンバーだった。

上院規則によると銀行委員会の所掌は、金融機関や金融政策に関する立法などと明記されている。つまり、ベアー・スターンズPACは自分たちの仕事に直接関係のある議員にねらいをつけて効果的に資金を配分したといえる。

迂回路も活用

政治献金の流れは単純ではない。

個別企業が設置したPACから直接政治家に献金されるようなケース以外にもさまざまな形で資金が流れている。たとえば、企業や団体のPACから別のPACに資金の移転を行うという方法がある。これも限度額を守ればOKだ。

ベアー・スターンズPACを例にとって見てみる。

米証券業・金融市場連合は、証券会社や銀行などの金融機関が中心になって設立された業界団体。この米証券業・金融市場連合が届け出た政治資金団体は三つある。米証券業・金融市場連合基金A、同基金B、そして米証券業・金融市場連合政治活動委員会(PAC)。

米証券業・金融市場連合は〇六年一一月に債券市場連合と証券業連合が合併してできた団体だ。合併前は両団体のPACともかなり活発に活動していたが、合併後は基金A、基金Bと名前を変え、実質的な活動は米証券業・金融市場連合PACに一本化されている。

ベアー・スターンズPACは、合併前の債券市場連合、証券業連合のPACに毎年だいたい五〇〇〇ドルを渡している。リーマン・ブラザーズ、バンク・オブ・アメリカ、シティグループ、JPモルガン、ゴールドマン・サックスなど、業界大手のPACも毎年両方あるいは片方の団体に献金していた。

〇六年に合併して誕生した米証券業・金融市場連合PACにも、ベアー・スターンズPACは〇七年六月に五〇〇〇ドルを流している。このほか、やはりシティグループ、ゴールドマン・サックスなど大手金融機関のPACから資金が入り込んでいる。流入総額は〇八年一一月現在一二七万ドル。

ではこれらのカネは一体、誰に渡るのか。二つの団体が統合されたあとの米証券業・金融市場連合PACから献金を受けた政治家や団体をFECの資料で調べると、上下両院、民主、共和両党の有力議員が並ぶ中、下院金融サービス委員会の幹部である民主党のバーニー・フランクや共和党のスペンサー・バッカスらにも、当然のように数千ドル単位で資金が流れていた。上院も銀行委員会の二一人のメンバーのうち、委員長のクリストファー・ドッド、共和党筆頭委員のリチャード・シェルビーら一〇人に献金が行われていた。

つまり、ベアー・スターンズPACは政治家個人への献金を行う一方で、業界のPACに資金を流す。そこからさらに資金が政治家に渡る。両党の全国委員会や州委員会、それに上下両院の選挙に向けた対策委員会なども献金先になるので、カネはそこからさらに多くの議員に流れていくという仕組みだ。FECにより献金の限度額は厳しく規正されるので、一回の金額だけをとってみるとそれほど巨額というわけではない。しかし、各企業のPACが行う直接の献金や迂回路を通じた献金など、二重三重の資金提供が少しずつ積み重なり、しだいに太い流れとなって政治資金が為政者に流れていく仕組みになっている。

なぜ自分の関係業界の規制を審議する議員への献金が中心なのか。幹部社員からの献金を集める際には達成目標のようなものがあったのか。二重三重の献金は事実上の限度額破りを意図したものなのか。

ベアー・スターンズＰＡＣの財務責任者だったデービッド・マルグリエスに説明を求めた。彼は一言だけこう返答した。

「その件に関しては一切コメントできない」。

ただ、これだけの資金提供で貢献しても、ベアー・スターンズの運命はあっけなかった。同社はサブプライム住宅ローン問題が顕在化してからはつねに経営危機がささやかれた。〇八年三月に入ると他の金融機関が取引を見直し資金流出のスピードが上がる。企業にとって決済に必要な資金がなくなることは「失血死」に等しい。多額の政治献金を繰り返していた同社だが、ワシントンにＳＯＳを発する暇もなく、同月一六日には米銀大手のＪＰモルガン・チェースに救済合併された。

ＦＥＣの資料によると、買収の五日前の三月一一日、ベアー・スターンズＰＡＣは、〇八年一一月の選挙で苦戦が予想されていたエリザベス・ドール上院議員(最終的に落選)の選挙対策本部など三つの政治団体に合計一万五〇〇〇ドルの献金を行った。渡した当事者も、受け取った政治家も、これがベアー・スターンズ単独の政治献金として最後のものになるとはまったく予想していなかったに違いない。

それから半年。やはり企業体が元気だったときは上院銀行委員会や下院金融サービス委員会所属の議員を中心に献金を繰り返していた証券大手リーマン・ブラザーズや保険最大手ＡＩＧ、さらには金融大手のシティグループも経営が行き詰まった。リーマンは破綻、ＡＩＧやシティは政府による救済の道を選択せざるをえなかった。市場の危機が特定企業を襲うとき、多額の献金、政界とのコネクションなどは何の役にも立たなかった。

銀行委員長への献金

〇八年九月。巨大金融機関が相次いで倒れそうになり、米国経済が崩壊の淵に立たされたことから、ブッシュ政権は七〇〇〇億ドルの公的資金投入を柱とする対策を決めた。

九月二三日、上院銀行委員会で行われた公聴会には、財務長官のヘンリー・ポールソン、中央銀行にあたる連邦準備制度理事会(ＦＲＢ)議長のベン・バーナンキらが証人として出席、懸命に対策の必要性を訴えるとともに、関連法案の早期通過を求めた。テレビも審議の様子を中継するなど、国民の関心も高かった。

この委員会の冒頭、委員長のクリストファー・ドッドは、「(危機の原因は)ずさんな融資にあったが、分別のある銀行家ならこういう融資に関与してはならなかった」などと述べて金融機関の経営者を批判、自分が国民の味方であることを強調した。

上院議員は各州から二人選出され合計一〇〇人。伝統的に政治家の中でも能力・識見の高い者たちが集うとされてきた。そして多くの上院議員が大統領を目指す。銀行委員会委員長のドッドもそんな一人だった。彼は〇八年の大統領候補に名乗りをあげ、民主党の指名争いに加わった。バラク・オバマ、ヒラリー・クリントン両氏の激しい戦いに埋没し早々と撤退を余儀なくされたが。

大統領選挙には巨額の資金が必要となる。現職の上院銀行委員長だったドッドには多くの金融関係団体が献金を行った。FECの資料を見ると、ニューヨーク証券取引所、全国モーゲージ協会、コネチカット州銀行家協会などが名前を連ねている。それに加えて、上院選挙に向けてつくられていた政治資金の受け皿団体である「クリス・ドッドの友人たち委員会」から、約四七四万ドルが大統領選挙用の口座に振り込まれていたことがわかる。ここにはバンク・オブ・アメリカ、ワコビアなど銀行、証券、保険などの大企業のPACから資金が集まっている。〇八年九月に経営破綻したリーマン・ブラザーズの名前も見える。ドッドの大統領選挙用の資金は、経営者の「分別のあるなし」に関係なく、大手金融機関をはじめとする関係業界からのものが相当程度を占めていた。

しかし、ドッドは上院銀行委員会の委員長をつとめている。そんな人物が関係業界から献金を受けてもいいのだろうか。利益相反にならないのだろうか。

米国で議会の力は強い。特に委員長は関連業界の法案処理で絶大な力をもつ。金融業界を担当する委員長がその業界から多額の献金を受けても判断に影響はないのかという疑問は当然のものだろう。

○七年二月一六日のワシントン・ポスト紙はドッドに対する献金の三分の一が金融関係企業に由来すること、委員長として金融機関寄りの姿勢を示すケースが多いこと、シティグループやJPモルガン・チェースといった大企業が献金集めパーティーの音頭をとっていること——などをあげて批判する記事を掲載した。ドッドは同紙のインタビューに対してこう答えている。

「私の(投票や演説などの)記録が物語っています。私は(献金によって)自分の考えを変えたことがないし、(金融機関の規制などの)問題に対してぶれがないはずだ」。

そして献金する側もドッドを持ち上げる。同紙のインタビューに答えた金融サービス業界団体の代表はこう話していた。

「委員長は議会の思慮深いリーダーで、開放され競争力がある健全な金融サービス市場実現のために、重要な役割を果たしている」。

同じような構図、つまり企業や団体が自分たちの業務に関係のある政治家たちに献金を繰り返すという現実は、米政界では日常の光景だ。

○八年一〇月三日、すったもんだの末に米議会は経済の崩壊を食い止めるねらいで金融安定化法案を可決した。市民団体の「有権者の期待にこたえる政治センター」によると、この法案に賛成した下院議員に八九年以降金融業界から流れた政治献金の累計は一人平均で八三万ドル。反対した議員の五九万ドルを上回っていた。普段から金融機関に世話になっている議員が業界のピンチを救ったとも解釈できる。

代弁者探し

まだまだある。

たとえば、下院エネルギー商業委員会の通信・インターネット小委員会で二〇〇八年末まで委員長をつとめた民主党のエドワード・マーキー。この小委員会は電気通信やIT関連業界に関する立法などを担当しているが、委員長のマーキーのもとには関係企業が献金の山を築いた。FECの資料をもとにPACを通じて献金した主な企業や団体を挙げてみる。

アマゾン・ドット・コム、全米ケーブル連盟、AT&T、コムキャスト、ディレクTV、グーグル、マイクロソフト、全米放送家連盟、スプリント・ネクステル、タイム・ワーナー、ヤフーなどなど。日本でなじみの深い企業も多い。

彼らはなぜ献金をするのか。ケーブルテレビ最大手コムキャストの広報担当、セナ・フィッツマウリスはこう説明する。

「わが社は全米三九の州で活動しています。私たちはお客様に奉仕するとともに、マーキー議員を含め何百人という議員の選挙区で従業員を抱えています。私たちはマーキー議員をはじめ、委員会の他のメンバーに献金すると同時に、その委員会に在籍していない多くの議員の方々にも献金しています」。

利害関係のある議員への献金は、他の多くの議員に対する献金と変わりがない、と言いたいようだ。

〇九年一月に小委員会の委員長は交代し、マーキーはエネルギー・環境小委員会の委員長に横滑りした。今度はその分野の関連企業が献金の山を築くのだろうか。

委員長などのポストに就いていなくても資金は流れてくる。たとえば、共和党上院議員のジム・インホフ。地球温暖化説に否定的な議員の代表格だ。議会公聴会の証人として招かれたアル・ゴア元副大統領と激しい論戦を繰り広げたことでも有名。

〇八年一一月に改選を控え、選挙資金の受け皿になっている「ジム・インホフの友人たち委員会」には、エクソン・モービルをはじめとするエネルギー産業や、ユナイテッド・パーセル・サービス(UPS)などの運輸業界から、PACを通じて四〇〇万ドルを超える献金が集まった。これらの企業は温暖化規制で直接的に影響を受けるだけに必死のようで、議会での代弁者を探していたように見える。ちなみにインホフは〇八年一一月の選挙で民主党の対立候補に圧勝し議席を維持した。

企業献金が禁止されＰＡＣを通じた個人献金のみが容認されていることは、企業にとって隠れ蓑にもなる。ベアー・スターンズの例で見たように、たいていの場合、企業とそのＰＡＣは密接に関連しており事実上一体なのに、である。

「銀行委員会や金融サービス委員会のように、自社の業務と関係のある委員会の所属議員に献金をすることについて倫理面でどう思うか」と聞いたところ、バンク・オブ・アメリカの広報担当者、シーリー・ノートンは電子メールを通じてこう答えてきた。

「私たちのＰＡＣは会社から財政的な支援を受けているわけではありません。ＰＡＣは私たちの同僚による任意の献金に基づいて形成されているのです。ＰＡＣは無党派ですし、同僚で形成されるＰＡＣが献金先を決めているのです」。

会社とは関係のないところで物事が決まっている。だから問題ない。ノートンはそう強調したいのだろう。

しかし、ＰＡＣの役員に本社の幹部が名を連ねているケースも少なくない。そうであれば「会社と関係ない」とは言いにくい。ノートンに「バンク・オブ・アメリカのＰＡＣ役員に会社側の幹部は入っていないのですか」と再び問い合わせてみる。結局返答はなかった。

商業会議所の行動原理

大統領が執務をとり、住居にも利用しているホワイトハウス。その北側にある緑多いラファイエット公園を抜けると、眼前には堂々とした重厚なビルがそびえる。これが米商業会議所の本部だ。会員企業数三〇〇万。世界的な大企業から街の中小企業まで、会員の裾野は広い。全米最大の経営者団体だ。

当然、政治力も強い。経済界にとって必要な法案は押し、好ましくないと判断した法案はつぶしにかかる。市民団体「有権者の期待にこたえる政治センター」の調べによると、九八年から〇八年まで商業会議所が使ったロビー活動経費は約四億六〇〇〇万ドルに上り、全米で一位だ。

政治献金も活用している。「米商業会議所政治活動委員会」をつくり、〇六年の中間選挙時には二三万ドル、〇八年の議会選挙には二四万ドルの献金を行った。額として巨大というわけではないが、大半が共和党に流れているのが特徴だ。政治献金の監視を行う同センターのデータによると、二〇〇〇年の選挙では九二％、〇二年は九〇％、〇四年が七六％、〇六年が八二％という比率で共和党候補のもとに資金が流れた。〇八年は六〇％だったが、激戦区の共和党上院議員の支援のため献金呼びかけの音頭をとり三五〇〇万ドルを集めた。

彼らはどんな行動原理で動いているのか。

「政府関連担当」の副理事長であるブルース・ジョスティンは、議会専門誌『ロール・コール』の「ワシントンで最も影響力のある五〇人」に選ばれたこともある。「政府関連担当」という肩書きが示すように、ジョスティンは商業会議所のロビー活動を統括する責任者。自身も議会の指導者や委員長クラスの大物たちと頻繁に連絡を取り合うとともに、組織内に常時二〇人以上はいる「おかかえロビイスト」を指揮する。

ジョスティンは商業会議所の役割について、「米国のビジネス界を代表し、議会に対してわれわれの利益になると思った政策の採用を働きかけること」と話す。重要法案の採決が近づくと、関係議員全員に手紙を書き電子メールを送り電話をかけるのだという。

そんな商業会議所は政治献金をどう活用するのか。ジョスティンによると、献金を決めるには二段階の手続きを経る。まず三〇年以上にわたって使われている「彼らはどのように投票したか」と名づけられた得点表を使う。これは商業会議所が「ビジネス界に必要」と認定した法案に賛成したかどうかを調べるもので、七〇%以上得点できればその候補者の推薦が決まる。座標軸は「ビジネス界に必要な法律をサポートするか否か」と明確だ。

そして第二段階として、この候補者が対立候補と競っているかを調べる。各種世論調査で「接戦」と出たときだけ資金を提供する。それが最も有効なカネの使い方だからだという。

「なぜ献金するのか」という質問にジョスティンはこう答えた。

「米国は参加型民主主義の国です。商業会議所も他の団体と同様、できるかぎりこの政治の舞台に参加していく」。

献金は政治への参加という理屈は米国では一般的だが、ジョスティンは「政策をカネで買っている」との批判にはこう反論する。

「そういう指摘はもっともらしく聞こえるが、PACの献金上限は五〇〇〇ドル。普通の下院選挙ですら、いまは一〇〇万ドル必要なんですよ」。

巨額の選挙資金のほんの一部を提供しても政治家への影響はあまりない、と言いたいようだ。

2 「献金は請願の手段」

投票履歴が重要

献金をしているのは大企業や業界団体だけではない。労働組合もPACをつくり献金を繰り返している。

米国でも労働運動は沈滞気味だ。組織率は低下しナショナル・センターである米労働総同盟産別会議(AFL―CIO)からは路線対立が原因で一部の有力組合が脱退、最近は乱闘事件まで発生した。そんな中でも産業別労働組合のPACは多額の献金を繰り返しているところが多い。

たとえば、鉄鋼関係企業の組合でつくる全米鉄鋼労組は「全米鉄鋼労組政治活動基金」をPACとして設立、民主党の候補者を中心に二〇〇七年初めから〇八年一二月末まで、一四七万ドルを政界に流した。

献金の仕組みはどうなっているのか。鉄の街ペンシルベニア州ピッツバーグに本部のある全米鉄鋼労組PACの財務担当、ジェームズ・イングリッシュの説明によると、以下のような流れになっているのだそうだ。

まず全米を一〇に区切った各支部から「この政治家への献金が必要だ」というリストが上がってくる。それを本部で吟味するのだが、その際に政治家の投票履歴が重要になるという。どの法案に賛成したか、あるいはどの法案に反対したか。それぞれの政治家の投票行動から献金先として値するのかを調べる。

このやり方は商業会議所と同じ。しかし、たとえば「自由貿易推進」をかかげる企業側に対して労組の判断はまったく逆。イングリッシュによると、自由貿易を主張する候補者は敬遠されることになる。

次にその選挙区の事情がチェックされる。支部が上げてきた候補の対抗馬はどんな人物か、勝つチャンスはどの程度あるのか、というような事情だ。

大まかにこれらの吟味を済ませて、PACの理事会と全米鉄鋼労組の委員長が最終的に、どの候補にいくら献金するかを決める。企業のように「会社とPACは関係ない」という姿勢ではなく、組合本部と一体になっていることを隠さない。

集めたカネは大半が民主党候補のもとに流れるが、穏健派の共和党上院議員に献金したこともあるという。

労働者の献金額は二〇ドル

資金の元になるのは組合員のポケットマネーだ。

「政治献金は任意なので強制しません。組合員のうち、PACにお金を送ってくれるのは一〇%以下だと思う。そして一人当たりの金額は二五ドルというところじゃないでしょうか。組合員一人ひとりの献金額は非常に小さいのです」。

PACの財務責任者であるイングリッシュはこう話す。

連邦選挙委員会(FEC)に提出した資料を見ると、確かにこのPACは〇六年の中間選挙が終わった直後の〇七年初め、一七〇万ドルの手元資金を有していて、それが〇八年の選挙では二六七万ドルに増えている。イングリッシュによると同労組の組合員は五〇万人以上。その一〇%が献金したとして単純に計算すれば一人当たりの金額は二〇ドルに満たない。全米鉄鋼労組のように人数の多い組織は、一人が小額でも、集まれば巨額の献金が可能になる。

政治献金を行う際の基準を議会での投票履歴に置く組合は多い。議院内閣制のもと党議拘束のかかる日本とは異なり、米国では民主党であれ、共和党であれ、投票行動は議員個人の判断で決まる。このため、献金する前にその議員が、どんな法案に賛成しどんな法案に反対したのかを調べるのは重要な作業になるわけだ。

たとえば、港湾労働者をメンバーとする組合、国際港湾労働者連盟の広報部長、ジェームズ・マクナマラによると、献金の基準は「港湾の安全性に注意してくれるか、通商政策はどのようなものか、年金政策では労働者に配慮してくれているか」などを見るのだという。

労働組合は基本的に民主党支持者が大半を占める。議会で民主党議員がつねに保護主義的な言説に傾きがちなのは、万一彼らが自由貿易政策に賛成した場合、投票履歴という通信簿に「×」がつき、労組系PACからの政治献金を失う可能性があることも大きな要因だ。労組からの政治献金は保護主義の源泉にもなっている。

労組もロビー活動

労働組合の政治活動にとってもロビイストの存在は欠かせない。

「エアライン・パイロット組合国際」は、米国とカナダの大小四〇に上る航空会社でパイロットなどとして働く約五万五〇〇〇人がメンバー。この組合の第一副委員長で「エアライン・パイロット組合ＰＡＣ」の財務責任者を兼務するポール・ライスは献金の基準についてこう説明する。

「私たちは厳密にパイロットに直接関係のある事柄をベースに政治献金を決めます。たとえば銃規制が猛烈な議論を呼んでいるときでも、その問題に取り組むわけではありません。しかし労働問題、とりわけ航空会社の労働問題には全力で対応します」。

この組合が真剣に取り組んでいる課題がある。パイロットと客室乗務員を、家族の介護や出産などの一時休暇制度の対象にするというテーマだ。この制度は法律で定められている。しかし、パイロットらの労働時間の算定方法が特殊であることから、どうしても制度の対象外となってしまうのだ。彼らは制度適用のために法律改正を求めた。そしてエアライン・パイロット組合ＰＡＣからも、大量の政治献金を政界に流した。「パイロットに直接関係のある事柄」を献金の基準にするためなのか、一人数千ドルの献金先には下院でこの法案を審議した教育・労働委員会の所属議員らの名前が目立った。

そして直接的に問題解決のために動いたのはロビイストだった。

「私たちの組合は連邦議会の人々と接触するロビイストを二人雇っています。私たちが彼らを雇うのは、議員の方々にパイロット関連の問題について情報を伝え、パイロット組合の立場を支持するよう協力を求めるためなのです」。

「一時休暇制度の問題はよい例です。この問題で私たちのロビイストは議会と協力し、われわれの組合員も制度上の利益を享受できるように法改正を目指しています。私たちのロビイストは連邦議会の立法事情についての専門家です。そして案件を前進させるため、どうやって議会に働きかけたらよいのかをよく知っています」。

一時休暇制度の対象をパイロットや客室乗務員に拡大する法案が、〇八年五月下院を通過した。上院でも認められ大統領が署名すれば、法律として成立する。この背後では第一副委員長のライスたちが信頼を寄せるロビイストの活躍があった。

ネットワークは全米に

地方選挙でも政治献金は大きな役割を果たす。

ニューヨーク州ラットハムという小さな町に本部をおく「教育のための教員たちの声委員会」。ここは教職員やスクールバスの運転手など、ニューヨーク州内の公立教育関係者を主なメンバーとする組合組織の本部だ。この委員会はPACも有している。ニューヨーク市という大都会をかかえ、組合員数も多いため資金も豊富。主に州議会選挙に向けて活発な献金を行っている。

財務責任者のアラン・ルビンはこう説明する。

「まずニューヨーク州議会候補者の活動履歴を見て、どれだけ公立学校教育を支持したかをチェックするんです。そして、そこで決まった評価をもとに州内の各支部と議論を重ね、最終的に誰に献金するかを決める。私たちのPACは市や町の選挙の献金先選びには一切関与しません。集まったお金の中から市や町の支部に流すだけです」。

FECとニューヨーク州選挙管理理事会に提出された資料によると、「教育のための教員たちの声委員会」は州議会の上下両院候補者や各郡の政党委員会など、〇七年一月から〇八年一〇月末までに総計で一二四件、一三万二〇〇〇ドルを献金した。そして残りをワシントンの中央本部「全米教師連盟」に送っている。財務責任者のルビンによると、献金をしてくる組合員の一人平均は、年五〇ドル程度だという。

米国では教育制度をめぐって議論が絶えない。背景には公立学校の荒廃がある。ルビンは「なぜ政治献金をするかって? われわれがやらなければ、同じように政治家に献金している相手方のグループ、つまり公立の教育などを否定して私立教育の拡充をねらう保守的な連中が、ニューヨーク州の議員に何かをお願いできる唯一の団体になってしまうからです」と語気を強めた。

政治献金は請願の手段。米国政治の裏側を貫く原則だ。この原則に従い、企業であろうと、組合であろうと、全米の津々浦々に張りめぐらされたネットワークを駆使する。そして政治家の周辺に複雑なカネの流れが生じている。

出世にもPACが有効

献金をばらまくのは、企業や組合のPACだけではない。

バージニア州選出の下院議員、エリック・キャンターは金融機関が相次いで破綻の危機に追い込まれた〇八年九月、一躍「時の人」になった。彼の肩書きは共和党次席副院内総務。幹部の一人ではあるが、ランクとして最高レベルというわけではない。しかし、一九六三年生まれの若い論客は公的資金導入をめぐって混乱した下院共和党の議論をリードし、取りまとめに一役買った。メディアも大きく取り上げキャンターの顔はテレビによく登場した。

彼はバージニア州の州都リッチモンド周辺を選挙区とする。保守層の厚い地域で共和党には有利。選挙に向けて「キャンターを議会に」という献金の受け皿組織をもっており、FECの資料によると、ここには〇八年一一月現在、個人献金一八五万ドル、企業などのPACから一八四万ドルが集まっている。献金者のリストには、シティグループ、JPモルガン・チェース、モルガン・スタンレー、ワコビア銀行などの金融機関をはじめ、ボーイングやゼネラル・ダイナミクスといった大企業や業界団体のPACがずらりと並んでいる。選挙資金としては潤沢な水準だ。

実はキャンターはもう一つ資金の受け皿をもっていた。「共和党員はみんなとっても大事」という変わった名前のPACだ。ここにも「キャンターを議会に」に献金しているのと同じような大企業が顔を並べ、〇八年一〇月現在の献金受取総額は二三七万ドルに達する。

しかし、FECの資料で支出をチェックしてみると、キャンターはこの資金の半分を他の共和党候補の選対本部に流していた。その数は一四〇人。同僚議員の選挙資金を集める受け皿は「リーダーシップPAC」と呼ばれる。資金を流した議員は、議会での院内総務、副院内総務などのポストについているか、あるいはこれら「リーダーシップ(指導者)・グループ」の仲間入りをねらっていることが多いためだ。

キャンターは若手ながら、共和党の中で「指導者グループ」のポジションまであと一歩に迫っている。「共和党員はみんなとっても大事」PACは、集めた金額で民主党下院院内総務のステニー・ホイヤー、共和党下院院内総務のジョン・ベイナーといった議会のベテラン指導者たちと肩を並べている。その成果もあり、キャンターは〇八年一一月の選挙後、次席副院内総務から副院内総務に昇格し、晴れて下院共和党ナンバー2となった。

派閥の結束維持、ポスト獲得のため国会議員にカネがばらまかれた日本の自民党政治と構図において大きな変わりはない。

リーダーシップＰＡＣには別の問題も指摘されている。

ＦＥＣの規正で〇七年から〇八年の個人献金は一人の候補者に対して、予備選段階で二三〇〇ドル、本選挙段階で二三〇〇ドル、合計四六〇〇ドルという上限が設けられている。リーダーシップＰＡＣへの献金は企業や組合のＰＡＣへの献金と同様、予備選五〇〇〇ドル、本選挙五〇〇〇ドル、合計一万ドルを上限とする。つまりリーダーシップＰＡＣを併用すれば特定候補に対する個人献金は最大で一万四六〇〇ドルまで許されることになる。事実上の抜け道だ。「有権者の期待にこたえる政治センター」の調べでは、リーダーを目指すようなポジションにいない多くの議員もこのＰＡＣを利用して献金を集めている。スタッフの人件費、食事代、旅費などにあてられているという。

リーダーシップＰＡＣの実態は最近までかなり不透明だった。名前も「二一世紀自由ＰＡＣ」「保守勝利基金」「ジャズＰＡＣ」「政治の殿堂ＰＡＣ」など風変わりなものばかりだ。どの議員のものなのか特定できないようにこういう名前をつけるのだが、ＦＥＣも実態解明に着手。リーダーシップＰＡＣがどの議員のためのものなのか明記を義務づける方向で検討している。

3　進化する献金システム

インターネットの威力

政治献金は増大の一途をたどっている。連邦選挙委員会（ＦＥＣ）によると、二〇〇八年の大統領選挙で勝利した民主党候補のバラク・オバマが集めた資金は、〇八年一一月現在七億七〇〇〇万ドルで、共和党候補ジョン・マケインの三億九一〇〇万ドルを圧倒した。「有権者の期待にこたえる政治センター」によると、予備選に出馬した候補者や政党が使った経費を含めると、大統領選挙の経費は空前の二四億ドルで〇四年の二倍に達した。

異様なほどの選挙マネー増大の裏には、政治献金集めの手法が大きく変化してきたという事情もある。インターネットの普及で以前よりも献金がしやすくなっているし、候補者たちが「バンドラー」や「ジョイント・ファンド・レイジング」という比較的新しい方法をどんどん取り入れているので、集まる資金が増えているのだ。

この数年、急速に拡大してきたＰＡＣが「アメリカのための民主主義」という団体だ。本部はカナダ国境に近いバーモント州北部の都市バーリントンにある。この団体は、〇四年の大統領選挙で民主党の指名候補争いに敗れたハワード・ディーンが創設した。

「草の根のリベラル活動家を結集し、ブッシュ政権に代表される極右的政治を打破し、長い間ワシントンの政治を支配してきた自分勝手な利益団体と戦うことを目標とする」。設立の記者会見でこう掲げたディーンはその後、民主党全国委員長に転じるが、この団体は着々と勢力を拡大。設立時、地域支部三五〇、会員数三〇〇〇人だったのが、〇八年に全米で支部八〇〇、会員七二万人を超えるまでの組織に発展した。

この団体が集めた資金は〇八年一〇月現在で三六八万ドル。そしてここから流れる資金は民主党の候補者に向かうと同時に、選挙区ごとの世論調査を実施するなど、リベラル系候補者の側面支援にも使われている。

専務理事をつとめるアシャド・ハサンは「われわれの組織が開放的であり、何らかの形で政治に関与したいと思う人がいつでも参加できるからでしょう」と躍進の秘訣を語る。

しかし、この団体が急激に伸びたのには、別の理由があった。それはインターネットだ。設立者のディーン自身、〇四年の予備選でネットを駆使して献金を集めるという手法を初めて全国レベルの選挙に使ったことで知られる。「アメリカのための民主主義」も同じやり方を踏襲している。インターネットでこの団体のウェブサイトに入ると、簡単に政治献金ができる仕組みになっている。

「インターネットは政治献金をとても簡単にした」と専務理事のハサンはいう。「入り口の障害が低くなっただけではない。より迅速に活動できるようになったんです。私たちに献金してくれる人々の献金額は二〇〇ドル以下の小額が八〇%を占めます。手紙でも献金は求められるが少し時間がかかる。その点、電子メールやインターネットは人々にすぐに届くし、受け取ったほうはその気があればすぐに反応できる。緊急のときなどには威力を発揮します。アクセスの容易さだけではない。何度も繰り返せるという点も有利です」。

驚異のマッチング

インターネットを武器にした資金集めは、〇八年の大統領選挙に勝利したバラク・オバマも導入した。民主党の予備選で有利と見られたヒラリー・クリントンを退けることができたのも、ネット献金の威力のおかげだった。

シアトル在住の会社員、エミリー・チェンは生まれてから二六年間、政治などにあまり関心がなかった。

「でも、ちょうどオバマのとてもエキサイティングな演説を聞いた直後に献金を呼びかける電子メールを受け取りました。とても簡単でした。電子メールの中に表示されていたリンクをクリックしたら、すぐに献金の画面が出てきて必要な事項を入力したらそれでおしまい。最初の献金額は五〇ドルでした」。

若い年齢層でこのような小口献金者は非常に多い。確かにオバマ候補のホームページに入ると簡単に献金のページが出てきた。ディーンが設立した「アメリカのための民主主義」と同じようなつくりだ。献金する意思のある人は二五ドルでも、五〇ドルでも資金を送れた。決済はクレジットカードによるものが主流。

もうひとつインターネット時代の選挙資金集めに「マッチング」と呼ばれる手法がある。たとえば候補者の陣営が、「明日五〇ドルを献金すると約束してくれた人がいます。あなたが同額を献金してくれれば二倍になります」と呼びかける。これに応じるのが「マッチング献金」だ。この呼びかけを電子メールで大量に流せば献金額は簡単に倍になる。

エミリー・チェンはこの「マッチング」で二回目の五〇ドルを送った。一つの献金はこのように小額でも、あまりコストをかけずに一挙に倍額の積み上げが可能だ。

選挙資金集めで圧倒的に有利な立場に立っていたオバマ陣営は選挙戦最終盤の一〇月中旬になって「マッチング献金」を呼びかける電子メールをばらまいた。対象は、オバマのサイトを覗いてメールアドレスを登録したものの、献金に踏み切っていない人たちだ。

「これまでに献金してくれた人が、あなたの初めての献金を勇気づけるため金額をマッチさせると約束してくれました。あなたの五ドルの献金は一〇ドルに、二五ドルは五〇ドルに、五〇ドルは一〇〇ドルになるのです。今日マッチング献金に参加して、あなたの選挙へのインパクトを倍増しましょう」。

その成果もあってか、オバマに献金した人は三〇〇万人を超えた。もちろん空前の数字だ。

献金取りまとめの巨大化

選挙資金の集め方として古典的なのが、「ファンド・レイジング」という手法。会社の同僚や親族、友人などから政治献金を募るというやり方だ。

一人当たりの献金額の上限は、FECの規正で厳しく決まっている。たとえば、大統領選挙に出馬した共和党候補ジョン・マケインの熱烈な支持者がどれだけ裕福であっても、〇七年から〇八年のFEC規正に従えば、予備選段階で二三〇〇ドル、本選段階で二三〇〇ドル以上は献金できない。党本部への献金などという方法もあるが、個人としてマケインの選挙対策本部に行える献金は合計四六〇〇ドルが限度なのだ。

しかし、献金の人数には制限がない。自分のもっている人的ネットワークを駆使して政治献金を取りまとめる。これがファンド・レイジングだ。一〇人が上限まで献金すれば二万三〇〇〇ドル、一〇〇人が応じれば二三万ドルが集まる。決して小さな額ではない。

多人数献金の呼びかけ人を「ファンドレイザー」とか「バンドラー」と呼ぶ。バンドル(bundle)というのは「束にする」という意味もあり、「札束をまとめる人」というようなニュアンスがこもる。

バンドラーの存在は以前から指摘されていたが、ブッシュ大統領が一〇万ドル以上の献金を取りまとめた人々を「パイオニア」とか「レンジャー」などと分類して公表、多人数献金を賞賛して以降、急速に巨大化したといわれる。

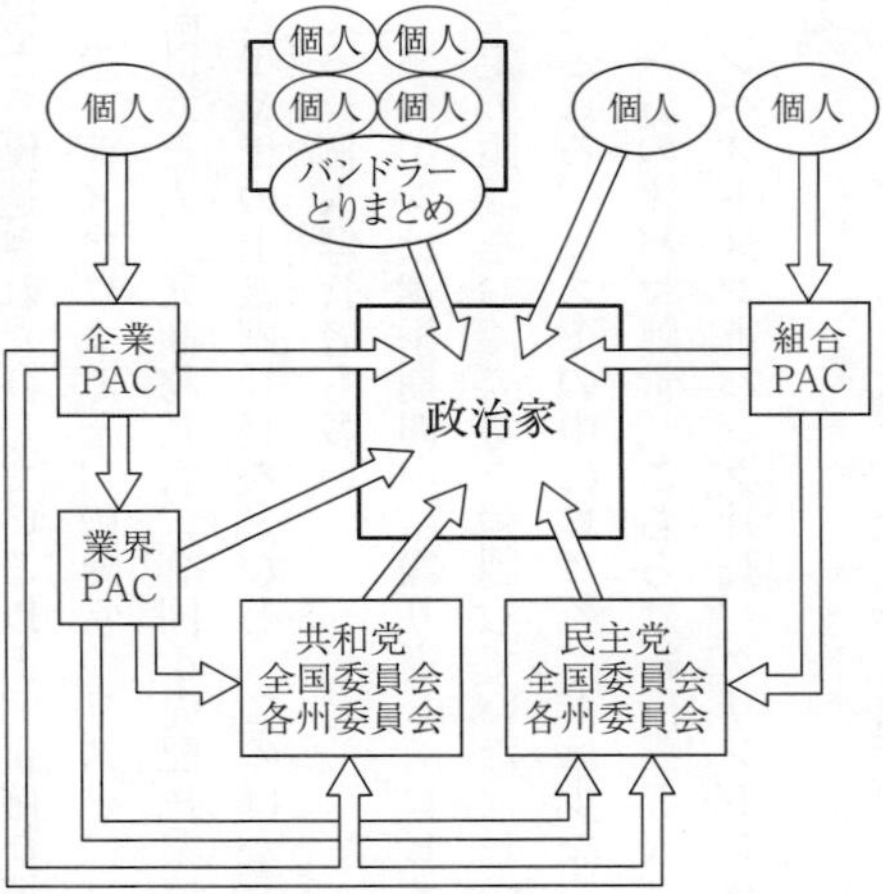

選挙資金の主な流れ（概念図）

〇八年の大統領選挙でもこの傾向は変わらなかった。民主・オバマ、共和・マケインの両陣営は、五〇万ドル以上のファンド・レイジングを行った支持者をそれぞれ公表している。これらの支持者は集めた金額が大きなことから「メガ・ファンドレイザー」と呼ばれた。ブッシュ政権で多人数献金の中心にいたパイオニアやレンジャーがその後、政府の要職や各国の大使につくなど優遇されたり、ホワイトハウスに招待されたりしていたことから、市民団体は「献金を取りまとめた人が新しい政権に対して影響力を行使してポストを得たり優遇されたりしている以上、正確な情報提供は必要だ」とより詳しい開示を訴えていた。

米メディアによると、両陣営のリストには、たとえばこんな人々が並んだ。マケイン陣営は総計六三人。元商務長官、全国小売配送業協会の理事長、ＪＰモルガン・チェースの副会長、AT&Tの上級副社長などなど。このほかマケインの地元アリゾナ州の実業家などの名前も見える。個人経営者も多い。

マケインは選挙期間中に繰り返し、ロビイストを「ワシントンの特別な利害関係者」と呼び、一定の距離をおく姿勢を強調していた。しかし、ウォール・ストリート・ジャーナル紙が調べたところ、リストの中にロビイストは少なくとも七人が確認された。

一方のオバマ陣営。こちらは総計三五人。映画会社ドリームワークスの共同創設者、ＵＢＳインベストメントバンク社長、クリントン政権時代の連邦通信委員会委員などが名を連ねている。

しかし、オバマはそもそも一人数十ドル単位の小口献金を中心としていたはず。陣営は「九三%が二〇〇ドル以下の献金」「お金のない若者が資金提供してくれている」などと庶民派を強調していた。確かにそういう側面はあったのだが、ニューヨーク・タイムズ紙が調べたところ、五万ドル以上を集めたバンドラーも五〇〇人おり、ヘッジファンドのトップなどが名を連ねていた。

オバマは「ロビイストやPACからの献金は受けない」と豪語していたものの、大口のファンドレイザーの多くは、政府や議会の動向に敏感な企業や業界のメンバーであり、実態はあまり変わらないものだ、と同紙は指摘した。

党全国委員会の役割

もう一つの政治資金集めの手法としてよく用いられるのがパーティーや食事会だ。個別ケースによって金額は違うが、参加費用は政治献金とみなされる。最近流行しているのは「ジョイント・ファンド・レイジング」と呼ばれる手法だ。

これはある候補の資金集めパーティーに政党も便乗するというやり方。たとえば、〇八年の大統領選挙で民主党の候補者として勝利したオバマは、民主党全国委員会などと組んでジョイント・ファンド・レイジングを行った。

有権者一人の献金額には限度がある。しかし、ジョイント・ファンド・レイジングを使えば、候補者への献金上限二三〇〇ドルと、全国委員会への献金上限二万八五〇〇ドルの合計三万八〇〇ドルまで資金提供が可能になる。これに州レベルの党委員会が乗ってくれれば献金限度額はさらにアップする。建前的に全国委員会への献金はオバマへの献金ではない。しかし、二万八五〇〇ドルのうち相当部分は全国委員会からオバマの選挙対策本部に回る可能性があるし、オバマのためのテレビコマーシャル作成などにも使える。つまり事実上の迂回献金だ。現在の規正は献金上限に厳密だが、迂回路をふさぐ仕組みはあまりない。

そもそも、政党の全国委員会は大統領選挙でも議会選挙でも情勢を吟味して重点選挙区への資金投入を決めるなど重要な役割を担う。共和党のボブ・ドール上院議員が挑んだ九六年の大統領選挙では終盤に来ても現職のクリントン候補の優勢が動かなかった。共和党の選挙事情に詳しいアレン・レイモンドの著作によると、このとき共和党全国委員会は投票二カ月前の九月に「今後の資金投入は上下両院での多数維持を優先する」との内部決定を下す。政党からの資金提供がストップしたドールはクリントンに大敗した。

仮に候補者たちが金欠となっても政党全国委員会に多額の選挙資金が集まっていれば問題はない。それだけに候補者の陣営と全国委員会などが限度額を勘案しながら取り分を確定するだけで収入が確保できるジョイント・ファンド・レイジングは、政党にとっても優れた献金流入のパイプになっている。

強制献金

政治献金を行った人々は、本当に自分の意思で献金をしたのだろうか。ベアー・スターンズの例で見たように、大企業の場合、ＰＡＣへの献金は「期待される」という位置づけが多いようだ。必須ではないが、やらないと肩身が狭いというところか。

ＦＥＣが「法律違反」と認定したケースを拾ってみると、資金集めの別の側面も見えてくる。〇四年の連邦上院選挙でフロリダ州の民主党は五人が予備選に立候補して激戦となった。そのうちのひとりマイアミ・デード郡の郡長、アレックス・ペネラスは有力候補者の一人として強力な選挙運動を展開、旧知の友人たちに資金援助を要請した。

州内で総合病院を経営するマイケル・フェルナンデスも要請を受けた一人。彼はペネラス支援のために副理事長ら自分の部下たちにも助力を求めた。この副理事長は〇三年三月二四日、幹部職員たちにこんな趣旨の電子メールを送った。電子メールの内容はＦＥＣの行政処分決定書に収められている。

「これはすべての医師と経営幹部に対する指示です。われわれの病院経営者であるフェルナンデス氏はあなたの助力を要請しています。マイアミ・デード郡の郡長をつとめるアレックス・ペネラス氏はわれわれの経営者の強力な味方なのですが、今度連邦上院議員を目指して出馬することになりました。われわれの経営者は皆さん一人ひとりにペネラス氏への政治献金をお願いしています。この献金の合計額は一〇万ドルを目標にしています。われわれの経営者である フェルナンデス氏は寄付した人、しなかった人について詳細な報告を求めています。彼は献金をしてくれた人に、お礼を言うために連絡すると思います。小切手帳を取り出してペネラス氏への献金を送ってください。すべての医師と大手の納入業者、エグゼクティブ・レベルの幹部は献金が期待されています」。

なかば強制的な要請であることがよくわかる。電子メールを書いた副理事長は「草稿段階だった文書が流出してしまっただけ」と弁明したが、その後経営者のフェルナンデスは資金集めパーティーの経費も医療法人の会計から支出するという法律違反を犯していたことが判明、FECから罰金などの行政処分を受けた。

献金の強制を疑わせる事例は〇八年の大統領選挙でも明らかになった。共和党の予備選挙は序盤でマケイン上院議員の苦戦が続き、前ニューヨーク市長のルドルフ・ジュリアーニ候補、マサチューセッツ州の知事だったミット・ロムニー候補に勝機ありと言われていた。

ウォール・ストリート・ジャーナル紙によると、そんな頃シカゴのコンサルティング会社の幹部だったリチャード・ピメンテルは、最高経営責任者（CEO）から、ロムニーへの献金を呼びかける電子メールを何回も受け取った。

同紙によると、ロムニー候補の資金集め朝食会の参加費は一人一〇〇〇ドルだったのだが、このCEOは夫婦二人で参加するように求めた。そして合計が二万五〇〇〇ドルに達する必要があること、この献金集めが成功した場合、ある大手投資銀行とのビジネスにもうまく作用することと、などを訴えていた。

最終的にピメンテルはコンサルティング会社を解雇される。同氏の主張によると理由は二つ。一つは当時六五歳という高齢であったことと、ロムニーへの献金を断ったためだという。ピメンテルは雇用差別問題などを扱う政府委員会に救済を申し立てた。

摘発される他人名義

またこんなケースもあった。

共和党のマケイン候補に五〇万ドル以上の献金を集めたフロリダ州の石油貿易商は同州共和党の財務責任者でもあった。ワシントン・ポスト紙などが一斉に報じたこの人のやり方はかなりきわどいものだった。

それによると、この石油貿易商はヨルダン人のビジネスパートナーに献金の取りまとめを要請。このヨルダン人は中東出身者のネットワークを使い多くの人々から資金を集めた。しかし彼らの大半は「政治などにまったく興味がない」と話し、投票に必要な有権者登録をしていなかった。彼らの職業は、ドラッグストアの管理人、酒屋の経営者、鉄道の線路保全班長など。ワシントン・ポスト紙によると、〇七年一二月から〇八年三月まで、多い人はマケインだけでなく民主党も含めたさまざまな候補に一万八四〇〇ドルも献金していた。

政治に興味がない普通の人々が、これだけ多額の献金を行うだろうか。ひょっとしたら、これらの献金者は誰かから資金補填を受けているのではないか。あるいはこれらの人々の名義を使って誰かが献金しているのではないか。こういう疑いが浮上するのに時間はかからなかった。

マケイン陣営では、この石油商の仲介で献金したとされる人々に対して「政治献金として支払ったお金については、払い戻しを受けることはできません」という奇妙な注意喚起の手紙を送った。

実は他人名義で献金したり、献金後に企業から同額を返還してもらったり、という行為はよく摘発されている。

たとえば、イリノイ州の医療関係企業の社長兼会長と最高財務責任者（CFO）の二人は〇一年から〇五年までの間、他人名義で一〇回にわたり合計で二万八〇〇〇ドルを政治献金していた。社長兼会長は自分たちの名前でも共和党の議会選挙対策本部などに多額の献金をしていたが、これらの献金は必要経費として経営する会社につけまわしていた（〇八年五月一五日、FEC発表）。また、ノースカロライナ州の会社でも、複数の社員が他人名義で献金し、その一部を会社から補填されていた（〇八年六月二〇日、FEC発表）。

ワシントンの市民団体には「献金を無理強いされたがどう対応すればいいのか」という問い合わせが少なくない。しかし、証拠が残っていない、「強制性」の認定が難しい、などの問題があって、当局の立件にまでは至らないケースも多いのだそうだ。摘発された事例は氷山の一角である可能性が高い。

また会社の経費を使って政治家の資金集めパーティーを繰り返し開き、FECから罰金三八〇万ドルの処分を受けた連邦住宅貸付抵当公社(フレディマック)のように、企業が前面にでた選挙違反事件もよく起こる。個人献金中心とはいえ、米国でも法律を破る人々はあとを絶たない。

4　かすむ公営選挙論

献金はなぜ増大するのか

企業、業界団体、労働組合などでつくるPACは全米にどれくらいあるのだろうか。米連邦選挙委員会(FEC)によると、二〇〇八年上期の登録PAC数は半年前よりも五八増えて四二九二団体。一九八〇年代以降あまり変動がなく、四〇〇〇前後で推移しているという。

しかし扱う金額はどんどん大きくなっている。FECが〇六年八月に発表したPACの活動状況報告によると、共和・民主両党が激しく競っていた〇六年の中間選挙を前に、全米のPACは七億七三五〇万ドルを集め、六億五六三〇万ドルを支出していた。そしてこのうち両党の選挙対策本部などに回った資金以外、つまり個人の候補者に渡ったカネは二億四八二〇万ドルに達した。やはり選挙のあった〇四年の同じ時期に比べて二一%も増加していた。

〇八年はもっと増えた。「有権者の期待にこたえる政治センター」がFECのデータを集計してまとめたところによると、PACから下院の候補者に流れた資金は三億二〇九四万ドル。上院の候補者には八〇五三万ドル。合計すると四億一四七万ドル。〇六年の中間選挙に比べて一挙に四五%も増加した。史上空前の規模になった〇八年の大統領選挙だけでなく、金権化は全米で進んでいる。

扱う政治献金の額が増えていることには、全米鉄鋼労組PACで財務担当をつとめるジェームズ・イングリッシュも気づいている。このPACが〇一—〇二年に集めた資金は一五四万ドル、支出は一三八万ドル。〇七—〇八年はこれが、二四八万ドル、一六七万ドルとそれぞれ膨張した。

「競争の激しい選挙が増えているということだろうと思います。一〇年前は民主と共和の差が小さい激戦区は下院でそう多くなかった。やや感覚的な話ですが、いまは民主、共和の差が縮まり激戦区が増えている気がします。勝つ可能性がある、あるいはこのままだと負けてしまうという激戦区には、当然のことながらカネをつぎ込まないといけませんから」。

イングリッシュの指摘のように、米国の政治は民主、共和両党の党派対立が激しくなっている。これは多くの関係者が認めるところだ。「ポラライゼーション」という表現もよく耳にする。深刻な分裂・対立の状況を指す言葉で、ブッシュ大統領の登場により、共和党の保守強硬派とリベラルな民主党はその対立を一層深めた。勢い選挙も熾烈なものになる。テレビCMなどを使った非難合戦はエスカレートの一途だ。

党内の路線対立も一因

さらに、党派内対立の深刻化がある。特に共和党だ。たとえば〇四年の上院選挙で勝ち残った穏健派の現職共和党議員、アーレン・スペクター。妊娠中絶などに寛容な態度を示していたため保守強硬派の激しい反発を買い、大々的な「反スペクター運動」を展開された。最終的にスペクターは予備選を勝ち抜き本選挙でも当選を果たすのだが、二〇三〇万ドルという上院選挙としては巨額の資金が必要になった。

スペクターと同じ共和党穏健派でブッシュ政権の環境保護局長官をつとめたクリスティン・ホイットマンはこう話す。

「スペクター氏に挑戦した(共和党内の)一派は、穏健派の議員たちに「次はお前だ」というメッセージを送っているのです。これは私が育ってきた共和党の姿ではありませんが、彼らに対抗していくため有権者に自分たちの主張を伝えていく必要があります。予備選段階から穏健派を支援していくためにPACをつくったのもそのためです」。

ホイットマンが言うように共和党内の穏健派からなる「リパブリカン・メイン・ストリート・パートナーシップ」はPACをつくり、メンバー議員への支援を行っている。支出金額は〇四年三三万ドル、〇六年四六万ドル、〇八年七二万ドルと、選挙のたびにアップしている。党派内の戦いに勝ち、予備選をクリアするためにも、多大な費用がかかっているようだ。

半分は必要経費

党派対立や党内の路線論争も選挙資金が増大していく一つの原因だろう。しかし、それだけではない。需要があるから資金も増大する。ではなぜ巨額の需要が発生するのか。それを理解するには舞台裏の台所事情を覗いてみる必要がある。

「有権者の期待にこたえる政治センター」の調べによると、〇八年の大統領候補者の平均支出は、テレビなどメディアへの広告費が約三九％、人件費、旅費、事務所の賃貸料など管理費が約三二％、世論調査費、ダイレクトメールなど選挙運動の費用が一一％程度という内訳だ。支出の半分弱が管理費や運動を継続するための必要経費に消えていることがわかる。

それを補うために登場するのが党の全国委員会だ。ジョイント・ファンド・レイジングという手法が流行するのは、個人献金を最大限に引き出せるためなのだが、党の収入にも寄与する。では全国委員会の収入が増えればどんな利点があるのか。各候補者はテレビCM用の資金も用意するが、それ以上に人件費や選挙員の交通費、宿泊代などもかさむ。本来なら候補者の陣営が払うべき経費を肩代わりする形で、有権者に直接訴えるための広告費を強化するのが両党の全国委員会だ。「ネガティブ・キャンペーン」と呼ばれる相手候補を誹謗中傷したＣＭを制作したり、広告枠を買ったりする。

たとえば共和党全国委員会が〇八年にＦＥＣに届け出た歳出項目一覧をぱらぱらとめくっていくと、巨額の選挙費用を構成する具体的な支出が見えてくる。

▽ミズーリ州セントルイスに本拠を置く弁護士事務所、ブライアン・ケーブに〇八年四月から毎月一万ドルを支払っている。支出目的は「法律相談」。この弁護士事務所は政治資金規正法などが専門。

▽バージニア州アレキサンドリアに事務所を構えるメディア・プレースメント・テクノロジーズ社に七月に約五九〇〇ドル払っている。ラジオにマケイン支持のＣＭを流す目的での支払いだったと見られる。

▽バージニア州アレキサンドリアのグラスルーツ・ターゲティング社に八月に九〇〇〇ドルを支払っている。支払い名目は「サーベイ・リサーチ」。世論調査やその分析を行ったと見られる。

しかし、何といってもテレビＣＭにかかる費用が大きい。

ワシントンから南西に延びる地下鉄は、首都の玄関口であるレーガン・ナショナル空港を過ぎてバージニア州アレキサンドリアに入る。ポトマック川のほとり。落ち着いたたたずまいのこの街には政治関連の事務所が多い。広告・広報やコンサルタントといった業種だ。ワシントンに近接していてオフィスの賃料も比較的安いという理由からかもしれない。オン・メッセージ・インクというPR会社のオフィスもアレキサンドリアの一角にある。

大統領選挙で民主党候補のバラク・オバマと共和党候補のジョン・マケインが激しく争っていた〇八年夏、このPR会社に総計五七〇万ドルを超えるカネが共和党全国委員会から流れてきた。FECの資料によると、一回目は七月二日に三四三万一五一六ドル、二回目は八月二五日に二二九万五九八九ドル。なぜ米国政治の主要プレーヤーがアレキサンドリアの小さなPR会社にこんな巨額の支払いを行ったのか。

それはテレビCMだ。オン・メッセージ・インク社は七月に激戦州のオハイオやペンシルベニアでオバマのエネルギー・安全保障政策を批判するCMを流した。そして金融システムが危機に陥った九月にはオバマの経済政策をやり玉にあげた。溶解するウォール・ストリートの映像に合わせてナレーションがこう語りかける。

「金融機関の救済後も一兆ドルを超えるあなたのお金が投入される。オバマの経済プランは状況を悪化させるだけだ」。

七〇〇〇億ドルの公的資金投入を柱とする金融安定化法と富裕層への増税などを組み合わせてオバマを攻撃する内容。このCMをつくったのがアレキサンドリアのオン・メッセージ・インク社だ。共和党全国委員会から流れてきた巨額の資金はこれらのCMの制作費やテレビでの放映費だった。共和党全国委員会が候補者と連携し大統領選挙に深く関与する一例だろう。

この会社は共和党の関係者が設立者になっている。詳しい話を聞こうと何度かアクセスしたが、オン・メッセージ・インク社は取材に応じてくれなかった。

とにもかくにもテレビCM

バージニア州選出の共和党上院議員で〇六年の選挙に破れたジョージ・アレンのスタッフを長年つとめ、選挙事情に詳しいジョン・リードはこう話す。

「有権者に自分たちのメッセージを直接売り込むのはテレビCMが一番。でも簡単ではないのです。たとえば日曜朝の政治討論番組のCMを買っても、それは一部の人にしか訴えません。あるいは人気の高いアメリカン・フットボールのCM枠を買っても、二〇代から五〇代くらいの男性にしか効果がありません。女性に向けては別の番組を探さねばならない。こうしてきめ細かくCMの本数を買うことになるので経費がかさみます。いまではバージニア州議会の選挙ですら五〇万ドルはかかる。州議会ですよ。それでも落選する時があるくらいです」。

大統領選挙でも、議会選挙でも、地方選挙でも、テレビCMは非常に重視されている。しかし、そのための費用は馬鹿にならない。時間帯や番組の視聴率などで値段は変わってくるが、ケーブルテレビで三〇秒のCMを流すと数千ドルから一万ドル、NBCなど三大ネットの朝のニュース時間帯で三〇秒三万五〇〇〇ドル程度は必要とされる。

共和党全国委員会がネガティブ・キャンペーンのためにオン・メッセージ・インク社に五七〇万ドルを支払ったのと同じような支出は民主党側でも行われている。「マケインの計画が実施されれば、あなたの医療保険は確実に悪化する」などなど、数多くのコマーシャルが激戦州を中心に放映された。ニューヨーク・タイムズ紙によると、民主党側がテレビCMにつぎ込んだ金額は、ブッシュ大統領陣営が〇四年に記録した一億八八〇〇万ドルを超えて史上最高になった。

〇八年一〇月一五日の三回目の大統領候補討論会でマケインは「オバマ氏はかつてないほど巨額な経費をネガティブ・キャンペーンにつぎ込んでいる」と怒りを爆発させた。もっとも、ウィスコンシン大学が行っている大統領選挙広告の追跡調査によると、九月二八日から一〇月四日の週に流されたテレビCMのうち、ネガティブ・キャンペーンと認定されたのはマケイン候補ほぼ一〇〇%、オバマ候補三四%だった。

減少した「ソフトマネー」

相手候補を非難中傷するネガティブ・キャンペーンは以前から米国では流されているが、最近で注目を集めたのは〇四年の大統領選挙だろう。

税制上の優遇措置を受ける政治団体は、内国歳入法五二七条に基づいて設置されるため、通称「五二七団体」と呼ばれる。ソフトマネーを集めた保守系の五二七団体が、当時民主党の大統領候補だったジョン・ケリーに対する猛烈な攻撃をしかけた。ソフトマネーを使った中傷広告だ。

ケリーはベトナム従軍歴があり、危険を顧みずに友軍兵士を救った英雄として脚光を浴びていた。それだけに、突然「実はケリーは腰抜けだった」というテレビCMが大量に流されたのを見て多くの国民は戸惑った。これはソフトマネーを使った広告だったのだが、ネガティブ・キャンペーンの威力は大きく、ケリー敗北の原因の一つになった。

「ソフトマネー」というのは、大統領選や議会選の候補者とはまったく関係なく使われる選挙資金のことだ。ソフトマネーを使って「Aを落選させろ」とPRすることはできないが、「Aは増税のことばかり考えている」とか「Aは地球環境を破壊する」などはOK。ケリーを攻撃した五二七団体も選挙の当落に関する呼びかけはせずに、独自に集めた資金でひたすら軍歴に疑問をはさむCMを流し続けた。

FECの厳しい上限規正を受ける政治献金は「ハード」と呼ばれる。これに対し建前として選挙の候補者とは関係がないので、上限に定めのない資金をソフトマネーと呼ぶ。テキサス州エルパソのティグアア・インディアン部族が、ロビイストのジャック・エイブラモフの要請で下院管理委員会委員長の政治団体に三万二〇〇〇ドルを送ったと第1章で紹介したが、この大半はソフトマネー用の口座だった。このように、〇二年の法律改正以前は企業や労働組合が無尽蔵に、しかも選挙対策本部や候補者との連携の中でソフトマネーを提供できたのだが、あまりにも資金が膨らんだため規正の対象になった。

〇八年の大統領選挙ではこのソフトマネーに異変があった。「有権者の期待にこたえる政治センター」のまとめによると、五二七団体が扱ったソフトマネーは結局、四億二四〇〇万ドルで〇四年よりも一二％減少した。

八万ページの月次収支報告書

ところで、米国の大統領選挙で使われる資金が巨大になればなるほど、FECに提出される書類も膨大になる。たとえば、民主党のオバマ選挙対策本部である「オバマ・フォー・アメリカ」が選挙直前の九月に提出した八月一カ月分の月次収支報告書は全部で八万ページに近い。八月提出の七月分は、これよりも少なかったとはいえ六万ページ超。これをFECは読んでいる。

九月一二日、FECはオバマ選対の財務責任者にあててこんな手紙を出した。

「七月の収支報告にざっと目を通しましたが、次のような疑問が生じていますので期限内にご回答ください」。

オバマにはインターネットを通じて百万人単位の有権者から献金がある。多くは数十ドル程度だが限度額を知らずに献金されるケースも多い。このミスをFECは見逃していない。八月は個人献金の合計が二三〇〇ドルを超えたケースを何件か、六万ページを超える収支報告書の中から探し出し陣営に修正を迫っている。

こんな基本的な指摘もあった。

「八月の現金収支の始まりと、七月の収支尻が合いません。ただちに修正してください」。

「オバマの偽善」

米国の政治を裏で支える選挙資金のメカニズムは単純ではない。企業や業界の政治活動委員会(PAC)は、時に迂回路を使いながら大量の献金を行っている。これに対抗するように労働組合も一人当たりの献金額は小さいものの、加入労働者の数で勝負している。そして献金の判断は、それぞれの組織が政治に実現してほしい事柄、つまり「ビジネス界の利益支持」とか

「自由貿易協定への反対」などというテーマに対し、議員がどのような態度を示すかにかかっていることも確認できた。そしてロビイストなどが中心になって政治献金を集めている「バンドラー」のシステムもある程度わかった。

では、政治献金の今日的な課題は何か。

それは肥大化する一方の政治資金をどう統御していくのかという点だ。特に〇八年の大統領選挙で民主党のオバマが公的助成として設けられている八四一〇万ドルを受け取らない初の候補者になったことは重大な問題を提起した。この制度は一九七六年から続いているもので、受け取った候補者は、個人やPACからの献金を辞退しなければならず、総支出も一定額以内に抑える義務が生じる。ちなみに共和党のマケイン候補はこれを受け取った。

公的助成制度そのものは支持するとしながらも、オバマはこう弁明している。

「今日存在する大統領選挙の公的助成制度は機能していない」。

実は米国では以前、選挙の支出に一般的な上限を設けていた。正確に言えば、設けたことがあった。しかし、七六年に最高裁は「支持者からの献金額に上限を設けることは合憲」としながらも「選挙関連の支出に上限を設定することは違憲だ」とする有名な判決を下し、支出総額は青天井となった。

この判決の裏には、「政治的意思表明は表現の自由で保障されており、国が介入するべき問題ではない」という考えと、「資金の多寡で当落が決められれば、政治がカネでゆがめられる恐れがある」という意見との根深い対立がある。

オバマの決断には、政治資金規正の強化に取り組んでいる人々が強い批判を加えた。ワシントンの市民団体「パブリック・シチズン」のクレイグ・ホルマンはこう糾弾する。

「オバマ陣営は自分の行為を正当化するために九三％が小口の献金だと主張しています。聞こえはいいですよね。でも小口献金はオバマ陣営の選挙予算のうち四分の一しか満たしていないというのが実態です。残りの七％で四分の三を埋めたのですが、その献金者らはとても裕福な人々です。そして彼らはオバマ政権で政府高官や大使になるんです。そんな候補者が公的助成をうんぬんするなんて偽善です」。

「政治とカネの関係を律してきた献金の限度とか公的な助成というルールは、〇八年の大統領選挙でみんな壊滅状態に追いやられました。バンドラーやジョイント・ファンド・レイジングといったカネ集めのやり方がすごい勢いではびこっています。私たちは今回の大統領選挙にかかる費用が一〇億ドルを超えるものになると懸念していたのですが、ホワイトハウスについた値札はこの懸念をはるかに上回るものでした」。

メディアも手厳しく、ニューヨーク・タイムズ紙は社説でこう述べた。

「もし今回の大統領選挙が、公的助成の死んだ年に行われたとして記憶されるのであれば、それは恥ずべきことになろう」。

選挙への信頼は回復するか

米国には少数ながら「公営選挙論」を唱えるグループがある。選挙の経費をすべて公的な資金でまかなおうという発想だ。「パブリック・シチズン」もその一つ。ホルマンはこう主張する。

「選挙の経費を公的にまかなう方法が最善だと信じています。特定の利害関係者が候補者などに与える影響を最小限にするための仕組みです。献金をする人々は何らかの見返りを期待しているわけですから。さらに政治の場でカネのことばかり考えているような状況をなくし、候補者たちに平等な競争を提供するという仕組みでもあります」。

民主党の上院議員ラッセル・ファインゴールドらは改革案を出し続けている。〇八年の大統領選で共和党の候補者となったジョン・マケインもその一人だ。〇二年にソフトマネーの規制を導入したのも、マケインやファインゴールドだ。

しかし、大統領選挙を完全公営化するとか、議会選挙に公営化を広げるというアイデアは、米国内ではまだ圧倒的な少数意見。逆に共和党全国委員会は〇八年大統領選挙の敗北を受けて、「政党への献金に限度額を設けている現行の規正は違憲だ」として、企業や業界団体などからの無制限の資金提供を認めるよう求める訴訟を起こした。公営選挙論は完全にかすんでしまっている。

ただ、インターネットの発達で、これまで政治献金に縁のなかった人々が選挙のプロセスに参加しはじめている。一〇ドル、二〇ドルといったきわめて小口の資金を提供することによってだ。オバマが実践した資金集めのやり方には従来「金権選挙」と批判された内実とはやや異なる側面があるのも事実だろう。

七六年の最高裁判決で「支出上限の制限は違憲」とした多数意見に対して反対の論陣を張ったバイロン・ホワイト判事は「支出制限は合憲」としてこう書いた。

「もし総支出額に対する制限を加えないのであれば、選挙運動にかかる費用は、不可避的に、かつ際限なくエスカレートしていくだろう」。

「選挙に対する一般大衆の信頼を回復し維持していくことが必要になってくる。選挙は、まったくもって単にカネの力によって決まるのだという見方や、連邦の公職がカネで売られたり買われたりしているという見方を取り除き、一掃することがきわめて重要なのだ」。

この意見が書かれてから三〇年以上が経過した。ホワイト判事の懸念は的中し、総支出額は増加の一途をたどり、多くの米国民は、そして政治家自身も、「選挙はカネの力で決まる」と考えている。しかし、仮にホワイト判事の意見に同意するにしても、五ドル、一〇ドルの献金を通じて政治的な意思表示をした人々の行為を、ＰＡＣを通じて大量献金を行っている企業や組合などと同列に論じられるのか。技術革新とともに、難しいテーマも出現している。

第3章
利益誘導が仕事？

空から見たニューヨーク．この地域には「イヤマーク」がぎっしり詰まっている(Image courtesy NASA/GSFC/MITI/ERSDAC/JAROS, and U. S./Japan)

予算の作成は国民の納めた税金を何に配分するのかを表す作業だ。どのような分野に財政上の配慮を示すのかは政治理念と表裏一体であり、議会での予算審議は国の方向性を決める重要な意味をもつ。しかし、米国には何の吟味もなく予算化される歳出項目がある。これが「イヤマーク」だ。一種の補助金だが、不透明な利益誘導であり税金の無駄遣いだという批判も年々強まっている。具体的なイヤマークの姿を追っていくと、米国のばらまき財政の実態が浮かび上がってくるだけではなく、政治献金やロビー活動といった米国のマネー・ポリティックスに深く組み込まれている構造も見えてくる。

1　イヤマークだらけ

党派を超えた獲得合戦

インディアナ州の平原は広い。トウモロコシ畑やこんもりとした林のうねりがどこまでも続き、いつの間にか地平線に吸い込まれている。空を見上げれば三六〇度、さえぎるものがない。州北東部の中核都市であるフォートウエィン市は、そんな田園地帯のど真ん中にある。

一八世紀末にインディアン部族との戦いに勝利したアンソニー・ウエィン将軍の名を冠したこの都市は人口約二五万人。ダウンタウンの人通りは少なく、閑散としている。州内で二番目に大きな街とはいえ、典型的な米国の地方都市だ。

中心部に建つ「郡・市合同庁舎」九階の市長室には東と北に面して大きな窓があり、緑の緩やかな起伏が見渡せる。市長室の主は民主党のトム・ヘンリー。この街で生まれ育ち、長年市議会議員をつとめたあと二〇〇七年の選挙で市長に初当選した。

「私と彼は党派が違うが、彼のイヤマークは支持できます」。

市長はこう説明する。「彼」というのはマーク・サウダーのこと。フォートウエィン市を中心とするインディアナ州第三区から選出されている共和党の連邦下院議員だ。

米国の地方都市も、連邦予算とは密接に関連する。州、郡など、それぞれの自治体単位でシステムが違う米国とはいえ、道路や橋などの基盤整備をはじめ、さまざまな財政需要に連邦の資金が必要なのはどこも同じだ。米国の連邦議会は人口を基準に決められた選挙区から選出される下院議員と、各州から二名ずつ選出される上院議員で構成される。「どちらの院でも連邦資金を地元に持ってくるのが議員の仕事」と考えている米国民は数多い。

フォートウエィンは周辺の地区を吸収して拡大したが、人口二五万人程度ではやはり財政が苦しい。当然連邦からの資金に期待がかかる。

その役目を果たしているのが「イヤマーク」と呼ばれる手法だ。議員たちは毎年の各省庁予算を決める歳出法案に地元への資金還元を挿入する。内容などについてはほとんどノーチェック。結果的にさまざまな歳出項目が予算の中にもぐり込んでくる。利益誘導そのものだが、地方にとってみれば資金還流の蛇口の一つとして、貴重な財源になっているのだ。

民主党市長のヘンリーが、共和党選出の下院議員であるサウダーを賞賛するのも、連邦の予算を引っ張ってくるからにほかならない。

「過剰にならないのなら、イヤマークもいいのではないかというのが私の立場です。フォートウエィン市も大事な公共事業などについてイヤマークを申請しています」。

ヘンリー市長によると、最近では市内の橋梁架け替え事業にイヤマークが用いられた。「この橋は市中心部の重要な場所にあるのです」と市長は工事の重要性を強調した。

連邦予算を分捕ってくる側の下院議員、マーク・サウダーもイヤマークの必要性を説く。

「イヤマークというのは大都市に比べて整備の遅れている地方に連邦の資金を引っ張ってくる有効な手立てです。連邦が予算をつければ、州や市が乗ってくる。民間も寄付するかもしれない。小さい予算が梃子になる。イヤマークは呼び水みたいなものなのです」。

九四年の初当選以来、サウダーの奮闘で、フォートウエィン市は市内にある空港の管制塔を改修した。幹線道路の修理にも財源の目途が立った。

ワシントンの議会議事堂の隣に建つレイバーン議会ビルにあるサウダーの議員事務所は、毎年二月末まで地元からのイヤマーク申請を受け付ける。〇八年は二月二七日に締め切った。

「こういう風な書式に書いて提出してもらうのです」。

サウダーの政策スタッフをつとめるマーチン・グリーンが示したのは簡単な申し込み用紙だった。書式は統一されていて、プロジェクトの名前、要望している団体や組織の名称などに加えて、いくらほしいのか、なぜそのプロジェクトに対する連邦予算が必要なのか、などの説明が求められている。

サウダーによると、申請団体の信用力やそのプロジェクトが地元のコミュニティーから支持されているかなどを勘案して、自分が法案に挿入するイヤマークを決めていくのだという。彼は〇八財政年度(〇七年一〇月から〇八年九月)で約一八〇〇万ドルのイヤマークを獲得した。

上下両院には全部で五三五人の議員がいる。無党派の市民団体、「常識のための納税者たち」の調べによると、このうち下院で一二人、上院で五人の議員が〇八財政年度予算でイヤマーク獲得合戦に参加しなかった。しかし、それ以外の大多数の議員はサウダーのように地元への利益誘導を熱心にはかっている。

イヤマークを直訳すれば「耳印」。自分がとってきた予算を他と区別するために言うのではないかとのこと。もともとは牛など動物を特定するため耳に印をつけたことに由来する。「ポーク・バレル」などとも呼ばれるし、ポーク(豚肉)にひっかけて反イヤマークのシンボルが豚であることは多い。

あそこに橋を架けてほしい、このプロジェクトに予算がほしいなどなど、地元からはさまざまな要求が殺到する。これらをさばくのも議員の仕事になるのは米国政治の現実だ。

委員会報告が巣窟に

市民団体「常識のための納税者たち」によると、連邦予算に現れたイヤマークの数は、九四年度が約四〇〇〇件だったのに、〇五年度には約一万五〇〇〇件に上った。ホワイトハウスは〇八年度の各歳出法案に入り込んできたイヤマークの数は一万一五二四件、額にして一六五億ドルに達すると発表している。一ドル＝一〇〇円で換算すれば一兆六五〇〇億円、一ドル＝九〇円としても一兆四八五〇億円。規模の大きさがよくわかる。

「ひどいものです。たった一〇年間でこのざまです」。

「常識のための納税者たち」のスティーブ・エリス副会長はこう嘆く。

イヤマークは米国の予算がどうつくられるのかにも関係する。通常であれば、二月の最初の月曜日、大統領は予算教書を議会に提出し、その年の一〇月から翌年九月までを期間とする次年度予算の歳出・歳入の骨格を示す。これを受けて議会側は上下両院の歳出委員会で具体的な歳出法案を立案・審議する。歳出委員会は日本でいえば衆参両院の予算委員会に該当する。歳出委員会はさらに各小委員会に分かれており、この小委員会が国防、農業、運輸など分野ごとにかなり細かな歳出法案をつくる。これが事実上の予算案。小委員会、委員会と採決された各歳出法案は本会議での審議を経て採決される。予算編成、財政配分を決めるこの委員会の力は強い。

この作業を上下両院で行った後、今度は通過した法案を上下両院で統一するための作業が始まる。その統一案が再び本会議にかけられ賛成多数で成立すると、大統領が署名して効力を得る。最終的に大統領の手元に上がる歳出法案には、付属文書として上院の委員会報告と下院の委員会報告、そして上下両院の「コンファレンス・リポート」がついている。イヤマークのうち九〇%は法案本体ではなく、この委員会報告とコンファレンス・リポートに入り込んでくるという。

各議員からの要望をさばくのは歳出委員会の委員長や小委員会の委員長といった幹部たちで、この委員会の事務職員であるスタッフたちもイヤマークを付けたり削ったりしている。議員が議員の要望をさばくのだから、細かな査定や内容の吟味などは事実上ゼロ。金額の割り振りが考慮される程度だ。

議会調査局(CRS)によると、個別分野を見てもイヤマークの増加は顕著。たとえば、国防予算のイヤマークは九四年度が五八七件だったのに対して、〇五年度は二五〇六件。歳出規模が小さく一括の歳出法案で処理される「商務・司法・国務・裁判所および関連諸機関」の〇五年度予算は全体の約五分の一がイヤマークで占められていた。

議会が予算を決める権限をもつ米国で、イヤマークの定義は簡単ではない。ホワイトハウスの行政管理予算局(OMB)はこう説明する。

「議会が法律や報告書の中に書き込む歳出指示のことであり、大統領が行う実態に即した公正な比較選考に基づく資源配分を迂回するものをいう。また特定の地域や受益者だけを利するものも含まれる。また大統領府の予算配分プロセスという重要な側面の管理能力を弱めるものをいう」。

わかったような、わからないような。イヤマークの定義づけの難しさを表している。

「常識のための納税者たち」によると、この一〇年のイヤマーク拡大には議会を共和党が支配していたことも関係するという。エリス副会長はこう言う。

「私たちに党派性はないのですが、九四年以降に増えたのは共和党が議会を牛耳っていたからです。共和党指導部がイヤマークを使って選挙の危ない現職議員を救おうとしてきたという現実があります。ブッシュ政権も最近までそれを問題にしなかったので、無駄な歳出がウイルスのように増殖したのです」。

イヤマークを追及するもう一つの市民団体、「政府の浪費に反対する市民たち」のデービッド・ウィリアムズ副理事長もイヤマーク拡大のきっかけとなったのが共和党の議会支配だったと指摘する。

「九四年に下院で共和党が多数を占めニュート・ギングリッチが議長に就任しました。彼にとって最大のテーマは九六年の選挙で負けないこと。そこでギングリッチ議長は歳出委員会の委員長に対して、激戦区の共和党議員のイヤマークを優先して認めるように要請したのです。それ以来、イヤマークはどんどんと増えるようになった」。

イヤマークの非効率性を象徴するのが「ブリッジ・トゥー・ノーホエアー」。日本語に訳しにくいのだが、何もないへんぴなところに架けられた無駄な橋という程度の意味だろう。アラスカ州の人口五〇人の島に架けられようとした橋は、結局、多くの批判を浴びて〇五年に予算が取り消された。しかし、地方の現場ではイヤマーク獲得に向けた努力が毎年繰り返されている。

大学もイヤマーク

イヤマークは公共事業にばかり配分されているのではない。教育の現場などにも広く浸透している。

インディアナ州フォートウエィン市には高いビルが数えるほどしかない。そして中心部から少し外れると住宅街が静かに広がっている。その中に、森に抱かれるような形でセントフランシス大学が建っている。

一八九〇年の設立。名前からもわかるようにカトリック系で学生数約二一〇〇人の小ぢんまりとした大学だ。イヤマーク擁護論を語ったフォートウエィン市のヘンリー市長もここの出身。看護学などで実績をもち、主に州内に人材を供給している。

一部の大学は広大なキャンパスをもち下手をすると目指す校舎にたどり着けないこともあるのに比べ、セントフランシス大学の校舎配置はコンパクトにまとまっていてわかりやすい。そのキャンパスの東側にドゥーマー・センタービルが建つ。健康科学部の中心的な建物だが、セントフランシス大学にとってはイヤマークによって得られた初の果実だ。

米国でも小さな大学はつねに財政難と隣り合わせで運営されている。大学の基金が十分であれば問題はないが、企業からの寄付や財団などからの支援は必須だ。年間の歳入規模が三〇〇〇万ドル程度のセントフランシス大学も財政難による施設の老朽化が目立っていた。

副学長のウィリアム・シュストウスキによると、初めてイヤマークという単語を耳にしたのは九九年だったという。

「同じくらいの規模の大学がさまざまな問題を話し合う会議があるのですが、そこから戻ってきた学長がこう言うんです。「イヤマークというものを使えば財政的にとても助かるらしい」とね。そこで早速いろいろ調べて、私たちもこの制度に加えてもらうことにしたわけです」。

フォートウエィン市を選挙区にする下院のサウダー議員などの協力を得て、二〇〇〇年九月、連邦政府から初めてドゥーマー・センタービルの建設費補助として一一三万ドルを得た。全体では七〇〇万ドル程度の経費がかかったが、そのうちの相当程度を連邦資金でまかなえたのはとても助かったという。

その後セントフランシス大学はコンピューターの更新など技術設備費として五〇万ドル、図書館の改修費として四五万三五一〇ドル、校舎ビルの改修費として二五万ドルなど、〇八年までに総計で一〇件、金額にして四四三万二三三六ドルの連邦資金をイヤマークとして得た。

この補助金獲得に尽力したサウダー議員はこう話す。

「セントフランシス大学は、イヤマークが地域にどれだけ貢献しているかを示す好例といえます。私が初当選した頃に比べれば同じ大学には見えない。われわれはイヤマークを使って何かを劇的に変えられると思います」。

もちろん、うまくいくことばかりではない。シュストウスキ副学長によると、これ以外にも延べ八件のイヤマークを申請したが失敗したという。

「ワシントンの議員事務所でスタッフの方たちにプロジェクトの必要性をいろいろと説明するのですが、彼らにも全体の優先順位があるようで、うまくいきませんでした」と副学長は話す。そしてこう付け加えた。

「もちろん全体としてみれば、われわれは満足しています」。

CEDITダラー

「実はフォートウエィン市にも連邦予算のイヤマークと同じような制度があるんです」。

市役所の幹部職員を五年間つとめたステーシー・スタンフはこう話す。現在は地元紙ジャーナル・ガゼットの論説委員として健筆をふるう彼女の説明によると、カウンシル・メンバーと呼ばれる議員九人が日常的に活動を行っている市議会が舞台だ。

米国では郡も行政単位になっている。インディアナ北東部のフォートウエィン市が属するのはアレン郡。同郡が徴収する税金は郡経済発展所得税（County Economic Development Income Tax）。この税金の約七五％がフォートウエィン市の収入となる。そしてこの収入の配分を決める際、同市の市議会議員に一人当たり四五万ドルが割り当てられる。

この資金は税金の頭文字をとって「ＣＥＤＩＴ《セディット》ダラー」と呼ばれている。州の法律で使途は「経済発展のための政策」に限定されている。しかし、市の幹部職員として市議会の実情を間近に見てきたスタンフによると、選挙を抱える市議会議員たちはそのようなルールを無視。歩道の改修費、劇場の補修代など地域の経済発展とは直接関係のなさそうな案件にも、このＣＥＤＩＴダラーを配分しているという。しかも事実上無審査だ。

「もともと、経済発展のための政策という定義があいまいで、何にでも拡大解釈ができるのです。選挙目当てのばらまきとの批判が絶えません」とスタンフは言う。

九〇年代前半に郡経済発展所得税の導入をフォートウエィン市議会として認める見返りとして始まったこのイヤマークについて、市役所から地元紙に転じた彼女は「どこに、いくら、という決め方が不透明。チェックもされていない」と問題提起する。

ヘンリー市長も市議会議員出身ながらＣＥＤＩＴダラーの減額を模索中だ。「四五万ドルを二五万ドルにしようと提案している。歳入が減る傾向にあるので必要な措置です」と市長は言う。しかし、議員側の抵抗は強く、改革は簡単ではない。

連邦予算のイヤマークばらまきと同じようなことは、インディアナ州の小さな都市でも繰り広げられていた。

連邦下院議員の活躍で獲得されたイヤマーク。それを喜ぶ市長や地元大学の関係者。ミニ・イヤマークのばらまきを試みる市議会。こう並べてくると、フォートウエィン市はまるでイヤマーク資金にどっぷりつかった特異な自治体のように聞こえる。しかし、そうではない。この街は実に平均的なアメリカの地方都市なのだ。

公園から野球クラブまで

ニューヨーク・マンハッタンの東隣にロングアイランドが横長に延びる。その西端、つまりマンハッタン近くにゲートウエイ国立リクリエーション地域が広がる。大西洋の波がジャマイカ湾と呼ばれる内海の小さな島々を洗うこの海浜公園は、ニューヨーカーの憩いの場所になっている。日本からの大型旅客機が離発着するジョン・F・ケネディ国際空港も目の前で、機影もよく見える。

ライアン・ビジターセンターはこのゲートウエイ国立リクリエーション地域の一角にある。レンガ造りの立派な建物だが、このビジターセンターの改修工事が地元選出のアンソニー・ウィーナー下院議員(民主党)のイヤマークで行われた。金額は四八〇万ドル。このイヤマークは〇八年度の国防歳出法案にもぐり込んでいた。武器・弾丸の購入費や核弾頭の維持管理費などと並んでだ。同議員の声明によると、「七〇年代以降、ずっと心待ちにされてきたプロジェクトであり、この四八〇万ドルにはアスベストの撤去費用も含まれる」とのことだ。

イヤマークの監視団体である「政府の浪費に反対する市民たち」のトーマス・シャッツ理事長はこう指摘する。

「私はロングアイランドで育ちました。ゲートウエイ国立リクリエーション地域がどんなところかもよく知っています。このイヤマークが国立公園を管理する内務省予算に入っているならまだわかります。でもなぜ国防予算なんでしょうか。私はあそこがアメリカの国防上、最前線になったとは寡聞にして聞いたことがないし、わが国を侵略してきた兵士を見たこともない。誰もゲートウエイなんか攻撃しませんよ」。

またニューヨーク・タイムズ紙によると、ウィーナー下院議員は九八年の初当選以降、「ロックアウエイ地区海浜侵食防止事業」「ブルックリン塩水性湿地回復プロジェクト」など合計四〇のイヤマークを獲得、〇八財政年度も一五のプロジェクトに八六〇万ドルの資金を連邦予算から取ってきた。

同議員の地盤はロングアイランドの西端。ニューヨーク市ブルックリンとクイーンズにまたがった第九選挙区だ。イーストリバーをはさみマンハッタンはすぐ近くで、住宅や商店、工場が混在する。そう広くないこの地区に実は毎年大量のイヤマークが投入されている。

インディアナ州フォートウエィンの市議会と同様、ニューヨーク市議会も一部の予算は議員が自分たちの裁量で歳出項目にもぐり込ませている。イヤマークを「CEDITダラー」と呼ぶフォートウエィン市議会と違うのは、これが「メンバーズ・アイテム(議員項目)」と称されている点くらいで、仕組みはまったく同じだ。

クイーンズ地区選出の市議会議員、レロイ・コムリーは、〇八年度に総額七一万ドルの議員項目をねじ込んだ。そしてこれを細かく分割。公園で映画を上演するプログラムに五〇〇〇ドル、若者のスポーツ活動支援に四万五〇〇〇ドルなど、一〇〇を超える議員項目を選挙区の隅々に配分した。ニューヨーク・タイムズ紙によると件数としては市議会最多だ。計算すると一つの議員項目の平均は七〇〇〇ドルにも届かない。しかし、どんな額でも資金を提供すれば、名前も売れるし、恩も売れる。

コムリー議員は同紙の取材に対して、自分が最多だったのは意外だったが、予算をつけたプログラムは誇りに思っているし、自分の地域は財政的に貧しく、いろいろ整備していかねばならないんだ、という趣旨のことを答えている。

ブルックリンやクイーンズは行政上、ニューヨーク市の一部になる。人口が多いため連邦議会下院の選挙区や市議会の選挙区が複雑に入り組む。ここを地盤とする州議会議員もいる。そして、州議会でもイヤマークは当然のように行われている。

〇八年五月に公表されたニューヨーク州議会上院のイヤマーク一覧を見ると、ブルックリン、クイーンズ両地区へのものも並ぶ。ブルックリンの野球クラブへの備品配備のために二〇〇〇ドル、クイーンズの環境教育推進団体に一一万五〇〇〇ドル、クイーンズのメモリアルデー・パレード支援に四〇〇〇ドル、ブルックリンのアルツハイマー研究団体に五〇〇〇ドル、クイーンズのサッカーチーム運営費の援助として五〇〇〇ドル――などなど。数え上げればきりがないし、内容の詳細も判然としない。ニューヨーク州司法省の統計によると、〇八年度予算に計上された州議会のイヤマーク件数は、ブルックリンとクイーンズ両地区合計で約二四〇〇に達した。

海浜公園のビジターセンターから、街のスポーツ少年団育成に至るまで、ブルックリン、クイーンズ両地区にはイヤマークが数多く投下されている。まるでイヤマークだらけという感じだ。これらの地区だけではない。マンハッタン、ブロンクスといったニューヨーク市の他の地区も事情は同じ。それらの資金の出所は、連邦、州、市とさまざまで、インディアナ州フォートウエィン市で見た構造とまったく同じだった。

2　資金還流

ロビイストの活躍

イヤマークにもロビイストが深く関与する。世話になった議員への政治献金も怠りない。舞台をインディアナ州に戻し、その実態を検証してみる。

セントフランシス大学のシュストウスキ副学長によると、イヤマークの存在を知ったのと、ロビイスト事務所を紹介されたのはほぼ同時だったという。

「イヤマークをお願いする場合、議員だけでなくロビイスト事務所に頼んだほうがよいと聞かされました。すぐに大学関係のロビー活動では定評のある事務所に依頼をしたのです。いまでもその事務所を経由しています」。

シュストウスキ副学長と実務を担当するリン・フレイザー部長によると、セントフランシス大学のイヤマーク申請は毎年こんな経過をたどる。

まず、大学の中でどのようなプロジェクトについての申請を優先させるべきか、学長や学部長で決定する。そして、その決定をワシントンのロビイスト事務所「バン・スコヤック・アソシエイツ」に伝える。すると今度は、担当ロビイストであるトム・クインがフレイザー部長に質問を投げ返して推敲を重ね、完成した申請書を議員事務所に届ける。ロビイストのクインは、議員スタッフなどに概要を説明し、大学の幹部がワシントンを訪れると、議員やスタッフとの面会をセットする。申請が議員事務所で認められた場合は、イヤマークが歳出法案のどの部分にもぐり込んだのか、最新の審議状況はどうかなど、ロビイスト側から逐一情報が大学側に知らされるという。

二〇〇七年には、大学内に設置されたプラネタリウムの改修費として二五万ドルのイヤマークが認められた。ロビイストのクインはインディアナ州選出議員団のオフィスをこまめに訪ね歩き、いまセントフランシス大学でどんな教育が行われているのか、この大学が地域の活性化のためにどんな役割を果たしているのかなどを説明して回った。そして、フォートウェイン市の将来のために、なぜいまプラネタリウムの予算が必要なのかを説いた。

顧客の要求を議員たちに認めさせるには何が必要なのか。

ワシントンでも五本の指に入る大手ロビイスト事務所、バン・スコヤック・アソシエイツ所属のクインによると、提案するプロジェクトの質の高さと、日常的に議員に伝える情報の正確さが非常に重要になるという。稀に特定のイヤマークが議会で取り上げられ、問題になることもある。そんなときのためにも、事業の正当性をデータとともにきちんと伝えておく必要がある。そして、それがロビイストとしての評価を高めるのだ、と。

「私自身に対する評価ということ以上に大事なものはない。もし私の提供する情報が信頼のおけるものであれば、この議員は私の判断を重んじるようになるし、私が顧客のために作成した要求を検討しようという気になるのだと思います」。

セントフランシス大学はこのようなロビー活動の報酬として、バン・スコヤック・アソシエイツに毎月一万ドル、年間で一二万ドルを支払っている。

「これまでの八年間で合計一〇〇万ドル近く払ったことになるが、四〇〇万ドルを超える連邦資金が得られたのだから、結果的に見れば安いものかもしれません」とシュストウスキ副学長は満足気だ。フレイザー部長もこう話す。

「ロビイスト事務所は最新のワシントン情勢を熟知しており、どのような要求の仕方をすればイヤマークが通りやすいのかを親切に教えてくれる。申請作業の補助としてロビイストを雇うのは価値があることだと思っています」。

イヤマークにロビイストが介在するのはきわめて一般的だ。議会情勢に詳しく、上下両院に幅広い人脈をもっているとあれば、依頼主にとってもロビイストを雇ったほうが安心できる。

一方、議員の側もロビイストの介在を最初から前提にしている。

フォートウエィン市を地盤にする共和党下院議員、マーク・サウダーが申請者に配っている用紙には、プロジェクトの名前や中身の説明を書く欄とともに、「あなたがロビイストのサービスを活用しているなら、以下の情報をお知らせください」として、事務所の名前、担当ロビイスト名、電話番号や電子メールなどの情報を記入させるようになっている。

政治献金が大事

セントフランシス大学とロビイスト事務所「バン・スコヤック・アソシエイツ」は、ロビイスト、トム・クインを雇い毎月一万ドル支払うという契約関係で結ばれている。サウダー議員と大学は、地元選出議員と有権者という絆がある。では、議員とロビイスト事務所にはどんな関係があるのか。

それは政治献金だ。

連邦選挙委員会(FEC)の資料によると、ロビイスト事務所バン・スコヤック・アソシエイツは政治活動委員会(PAC)を設置。〇七年から〇八年一一月の選挙直前まで上下両院議員を中心に総額で約九万ドルの政治献金を行っている。フォートウエィン市を地元にするサウダー議員にも〇八年四月二三日に一五二四ドルが渡り、セントフランシス大学のイヤマーク獲得でサウダーとともに汗をかいたインディアナ州選出の歳出委員会委員、ピーター・ビスクロスキ議員には二六七一ドルが流れた。額はそれほど多くないが、これが毎回繰り返されていくことで政治家との絆は太くなっていく。

同じような例は他の大学でも見られる。コラムニストのトーマス・フランクによると、バン・スコヤック・アソシエイツはアラバマ州のアラバマ大学ともロビイスト契約を結び九八年から〇六年まで一五〇万ドルを報酬として得ている。一方、バン・スコヤックは同じ期間にアラバマ州選出の共和党上院議員リチャード・シェルビーに対し一二万三五〇〇ドルを献金した。そしてシェルビーはアラバマ大学に総計で一億五〇〇〇万ドルのイヤマークをつけた。献金を受けた見返りに特定のイヤマークをつけるのは違法だが、その境界線はあいまいだ。

なぜ政治家に資金提供するのか。セントフランシス大学のロビイストであるクインはこう説明する。

「私はいまの政策決定過程(の価値)を信じているからこそ、それに携わっているのです。私は政治献金もしましたし、資金集めの手伝いもしました。多くの議員たちや立候補者に対してです。連邦議会の関係者で構成される共同体の一員として、ロビイストは政策決定過程への関与が当然視されているのだと考えていますし、その政策決定過程というのは政治資金集めに参加することも含まれるのだろうと思っています」。

政治献金は政策決定に参加する証し。とても正直な見解といえる。

連邦政府はイヤマークとしてセントフランシス大学に資金を交付する。大学はワシントンのロビイスト事務所にロビー活動の費用を払う。ロビイスト事務所は世話になった議員に政治献金する。そうやってイヤマークとしてインディアナ州に流れたカネが議員に還流しているわけだ。アラバマ大学の例も同じ。資金が循環している構図がよくわかる。

自治体も、警察も、消防も

イヤマークを得るためにロビイストを雇っているのは大学だけではない。ヘンリー市長率いるフォートウエィン市も、年間四万ドルを支払ってワシントンのロビイスト事務所と契約している。なぜロビイストを雇うのか。ヘンリー市長は「連邦資金の獲得ができそうかどうか。各省庁の歳出法案のうち、どれに入れれば案件の実現する可能性が高いか。こういうことを探るのに活用している」と説明する。

フォートウエィン市と契約を結んでいるワシントンのロビイスト事務所「Ｂ＆Ｄコンサルティング」が議会に提出した半期報告書によると、ロビー活動の対象は「下院と上院」、テーマを書く欄には「フォートウエィン市のプロジェクトに対する連邦政府の補助金について」とだけ記されていた。

イヤマークのプロセスに詳しい関係者は「議員の事情、議会審議の流れなどで、どのイヤマークの要求が通り、どれがダメかというのは年ごとにまったく違う」と言う。申請する側から見れば、その辺りのツボをおさえて奔走できるロビイストの存在は重要なのだ。

では、全米の自治体のほとんどがイヤマーク獲得のためにロビイストを雇っているのだろうか。この疑問に答えるため独自の調査を行ったのがニューヨーク・タイムズ紙だった。

それによると、〇六年現在、連邦予算からイヤマークを得るためにロビイストを雇っている公共団体は少なくとも一四二一あった。全米に約三万六〇〇〇の自治体があることを考えれば、この数は大きいものではない。しかし、九八年に比べて倍増しており、人口一万人に満たない小さな自治体も含まれている。さらに、地域コミュニティーの目安となる学校区の住民がロビイストと契約しているケースや、独自にロビイストを雇っている警察署や消防署まであったという。

フロリダ州のある自治体が、ロビイスト事務所との契約を切り、自分たち独自でワシントン事務所を開設したものの、議会関係者らにまったく会ってもらえず、イヤマーク獲得が難しくなってしまったことも同紙は紹介している。

自治体と契約を結んだロビイスト事務所はたいていの場合、政治献金を行っている。FECの資料によると、たとえば、フォートウエィン市のロビー活動を担当する「B&Dコンサルティング」は、所属するグループ企業のPACを通じて〇七年から〇八年一〇月まで二三万ドルを献金し、さらに幹部社員が個人献金を繰り返している。

一体どれくらいの資金がロビイストから政界に流れ込むのか。議会のルールが変更され、〇八年からロビイストは政治家の選挙運動への資金提供について報告を義務づけられた。

ウォール・ストリート・ジャーナル紙の集計によると、〇八年一月から六月までの半年間で、ロビイストの献金総額は約一億四〇〇〇万ドルに達した。民主党には七一七〇万ドルが流れ、共和党には六七八〇万ドルが提供された。イヤマーク、ロビー活動、政治献金が複雑に絡まりあう実態がここに見える。

利益供与のお礼?

イヤマークとして交付されたカネの一部が、ロビイストを介在せずに直接議員に還流していくというケースもある。

民主党下院議員のステニー・ホイヤーのポストは院内総務。下院の中では議長に次いで重いポストだ。重大局面での差配、法案審議の順番などの権限を一手に握る。ワシントン・ポスト紙によると、ホイヤーは、「イン・テューン・ファウンデーション・グループ」という団体に合計で九三万八〇〇〇ドルのイヤマークをつけた。名目は「ファンク・ミュージックの授業を通じてノーベル平和賞の受賞者を育てる」。

イヤマークを受け取ると所管官庁に活動実績を報告しなければならない。きわめて形式的なものなのだが、イン・テューン・ファウンデーション・グループは活動実績の報告を怠っているだけでなく、理事長らがホイヤー議員への政治献金を行っていることが明らかになった。ワシントン・ポスト紙によると、献金は〇四年から〇六年までの二年間で三万一〇〇〇ドルに上る。

ホイヤー議員は同紙のインタビューに答えてこう説明している。

「もし君が議員で、何かを支持しているとしよう。立法上の文言でもいいし、口頭での表明でもいい。あるいは予算をつけるということだっていい。いずれにせよ、そうすると何が生じるか。これらの関係者は君をサポートしたいと言いだす。これはどちらがニワトリでどちらが卵なのかという問題になってしまうんだ」。

下院歳出委員会の国防小委員会で委員長をつとめるジョン・マーサ(民主党)は、ベトナムでの戦闘経験もある海兵隊出身の議員だ。イラクからの撤退を早くから主張し、反戦派から英雄扱いされたこともある。マーサは同時に、地元への利益還元にも非常に熱心。イヤマークの額では毎年下院で一、二を争うし、自分のイヤマークにケチをつけた議員を本会議場で恫喝したこともある。

しかし、マーサの場合もイヤマークと政治献金の関係は不透明だった。『ロール・コール』誌の調査によると、マーサから恩恵を受けた企業や個人は政治献金を続けているが、その献金がイヤマーク申請を議会に登録する手続きの締め切り時期に集中し、まるで議員への「申請受け付け御礼」のように見えるのだという。

調べてみた。FECの資料によると、マーサは〇七年初めから〇八年一〇月一五日までに、個人献金として一二八八人から約一四四万ドルを集めている。献金者リストを見ると、ゼネラル・ダイナミクスの会長兼最高経営責任者(CEO)らをはじめとして、ボーイング、ノースロップ・グラマンら国防関連企業の幹部がずらりと名前を連ねている。マーサが国防関係予算に絶対的な権限を行使できる歳出委員会国防小委員会の委員長であるためだ。

一方、PACからの献金は二九〇件、約七〇万ドル。こちらにも国防関連産業の大企業のPACが並ぶ。

FECの資料には献金がなされた日付も明示されているので、その中から二月と三月分を数えてみた。すると、個人献金の四六%、PACからの献金の四五%が二月と三月に集中していた。各議員事務所が有権者や企業からのイヤマーク申請を受け付けるのは二月から三月初めにかけてが多い。「イヤマークの申請を受け付けてくれたのでお礼として献金しているように見える」という『ロール・コール』誌の指摘にもうなずけるものがある。

マーサ事務所に尋ねてみた。広報担当補佐官のマシュー・マゾンキーによると、マーサは年二回資金集めのパーティーを開く。一回は予備選の直前となる年の前半。もう一回は一一月の本選挙の直前。資金集めパーティーへの参加も政治献金とみなされるため、この前半の記録が二月とか三月に集中するのだというわけだ。

「イヤマークの申請時期と献金に、関係なんてあるわけないよ」。

マゾンキーはこう答えた。しかし、実力派議員がイヤマークの申請時期に近いときに政治資金集めパーティーを開けば、恩恵を受けたい人々は当然自分たちの申請を意識してそこに集まってくる。議員の側に意図がなくても、結果的には「お礼」の色彩が濃いものになるのだ。

3　疑惑の予算

個人的栄誉への流用

イヤマークが単純に地元への利益誘導であれば、その是非を議論するだけでも代議制の意味を問うことになり、なかなか意義深いものがある。しかし、単純な利益誘導ばかりではなく、疑惑や政治不信と背中合わせのイヤマークも少なくない。議会には「イヤマークで個人的な利益を得てはならない」というルールがあるにもかかわらず、多額の資金は米国でも政治家の欲得を刺激してやまないようだ。「連邦予算を議員が個人的な栄誉獲得に利用している」と批判されたケースからイヤマークの私的流用の検証を始めることにする。

ニューヨーク・マンハッタン島。その中心部、いつの季節も観光客で混みあうタイムズスクエアから地下鉄に揺られて約二〇分。「一三七ストリート駅」を降りて地上に出ると、落ち着いたたたずまいを見せる街並みの中、坂道の上にニューヨーク市立大学シティカレッジが建つ。二〇〇八年二月、このカレッジに「チャールズ・ランゲル・センター」の設立が決まった。センターの代表を兼任する社会科学部の学部長、ブレット・シルバースタインは、ハドソン川が望めるオフィスでこう説明した。

「女性やアフリカ系米国人、それにヒスパニックの学生たちを、公務員に、しかも幹部の仕事に就けるようにするのがこのセンターの目的です。そのための資金援助、インターンシップの斡旋などもここで行います」。

このセンターの正式名称は「チャールズ・ランゲル・センター・フォー・パブリック・サービス」。米国では「パブリック・サービス」という表現をよく耳にする。公務員の仕事を指すのだが、単に政治家や役人だけでなく、軍人や裁判官など概念はかなり広い。アフリカ系米国人などマイノリティー(少数派)の学生が多いこの大学から、少しでも多くの公務員が育ってほしい、しかも幹部候補生を輩出したい、という意欲的なねらいで設立されたこのセンターでは、学生への学費援助などをはじめ、採用に結びつく可能性が高い連邦、州など各省庁へのインターンシップの斡旋プログラムも本格化させる方針だ。

このセンターはイヤマークで設立された。予算に乗せたのは、大学の建つマンハッタン北部を地盤にする民主党の下院議員、チャールズ・ランゲルだ。初当選の一九七〇年以来、すでに四半世紀以上を議会で過ごしている。〇六年の中間選挙で民主党が多数派を奪還してからは、税制や通商問題で絶対的な力をもつ下院歳入委員会の委員長をつとめる。

このポストに就く有力議員が反対党の若手から議論を挑まれる光景はめずらしいのだが、〇七年七月、こんな激論が交わされた。ランゲルに挑戦したのは共和党のジョン・キャンベル。当選二回の若手だ。「チャールズ・ランゲル・センター・フォー・パブリック・サービスへの支出を停止するべし」という「労働省、厚生省、教育省および関連機関歳出法案修正案六二号」を提出したうえでの議論だったが、問題の中心はセンターの名称が適切かという点。キャンベルはこう追及した。

「下院には議員が現職でいる間は、その個人の名前を冠したような法案、決議、修正案などを議論できないというルールがあります。ランゲル議員の名前をつけたこのイヤマークは、ルールに違反することになります。まだ現職議員として議会にいるのに、納税者の納めた税金を、自分の名声を求めて名づけたものに使って、あなたは問題だとお感じにならないのでしょうか」。

これに対してランゲル。

「お答えしましょう。もしあなたが、私と同じようなことをしたら問題になるでしょう。なぜなら、あなたは自分の名前を冠した建物を大学につくるほど長く議員をしていないからです。しかし、わたしはすでに三八年間下院にいます。私は何も悪くない」。

結局、二〇〇万ドルのイヤマークは認められ、大学に交付された。

「私の名前をあげましょう」

ランゲル・センターの代表をつとめる学部長のシルバースタインは構想段階から関与していた。予算がついてからは本格稼動に向けて忙しい毎日を過ごしている。

「われわれの学長とランゲル議員が公務員の仕事の重要性を話し合っていたところから、この構想はスタートしたのです。学長は私たちに青写真を作るように命じました。その後構想をまとめてランゲル議員に説明すると非常に喜んでくれました。そして、「これはいい。私は助け舟を出しましょう。非常にいい構想なので、何でもできることをします。たとえば、私の名前を冠するとか、資金を取ってくるとか、可能なことでお助けしたい」と言ってくれました。私にとってイヤマークは、重要な役目をもったこのセンターを立ち上げてくれただけです」。

しかし、ランゲル・センターをめぐっての問題はこれで終わらなかった。

ランゲルが委員長をつとめる下院歳入委員会は、米国の経済に非常に大きな影響力をもつ。この委員会では税制、通商、年金や医療といった根幹政策が議論されるからだ。大企業が求める法人税減税法案を検討するのも、米企業を外国との競争で有利にするための保護主義的な法案を審議するのも、この委員会だ。そうした議論を仕切る委員長といえば、権限は大きい。

そのランゲルがニューヨークに住む企業経営者たちに、ランゲル・センターへの寄付を呼びかけた。鷲の紋章が入った米議会の正式な便箋を使ってだった。

「ランゲル・センターの理念についてお話ししたいので、大学の幹部とともに会っていただけないか」。

この手の表現が寄付を求めるものであることは、米国では一種の常識だ。

この書簡の件は〇八年夏、ワシントン・ポスト紙が最初に報じた。税制や通商政策を通じて大企業の利害に直接関与する下院歳入委員会の委員長が、自分の名を冠した施設のために寄付を要請してよいのか、という批判が起こった。しかし、ランゲルは記者会見でこう開き直った。

「大学の連中に会ってくれと言っただけだ。一体何が悪いというんだ」。

所有者は議員夫人

イヤマークが議員個人の利益に結びついているケースも少なくない。

ワシントン市内のホワイトハウス周辺から地下鉄に乗り十数分で、イースタン・マーケット駅に着く。この駅は連邦議事堂の東約一・六キロメートルのところにあり、市南東部への入り口の位置にある。ホワイトハウスやオフィスビルが立ち並ぶ市の北西部に比べると、市の南東部は開発が遅れた地域。以前は犯罪も多く、地元民以外はあまり近寄らないところだった。

このイースタン・マーケット駅から南に延びる八番通りに沿った商店街は「バラックスロー」と呼ばれる。歴史は古く、近くを流れるアナコスティア川の入り江を利用した物流基地、商業地域として活況を呈していたエリアだ。しかし、時代の変遷とともにしだいに活気は失われ、荒廃が目立つようになっていた。

この商店街の町おこしにイヤマークが使われた。五〇万ドルの連邦予算を分捕ってきたのは共和党の下院議員であるジェリー・ルイス。〇五年から一時期、歳出委員会の委員長をつとめた経験もあるこのベテラン議員は、〇七年三月一四日、イヤマークを求める公式書簡の中でこう述べた。

「私はバラックスロー・メインストリートという団体に〇八年度予算で財政手当てを行うように求めるものであります。この財政手当ては、地下鉄イースタン・マーケット駅とそれに接した公園の再開発により、バラックスロー商店街の価値を向上させるために使われるものです。私自身、あるいは私の配偶者がこのプロジェクトによって経済的利益を得ることはないと保証いたします」。

同年六月に下院でこの予算が認められるとルイスは、「この地区は首都の中心部であり、ここが改修されるということは、連邦職員、観光客、そして地域住民といった多くの人々にとって利益となります」と声明を出した。

しかし、この議員の選挙区はカリフォルニア州。イヤマークをつけた首都、ワシントンは地元ではない。普通、選挙区の住民に喜んでもらい、投票につなげるために使うのがイヤマークだ。いくら歳出委員会の委員長を経験した重鎮議員とはいえ、地元に関係のないプロジェクトに貴重なイヤマークを使うのだろうか。

バラックスローの周りを歩いてみるとよくわかるのだが、商店街より東側は間口の狭い低層住宅が並ぶ。逆に西側から議事堂にかけては、それなりに立派な家が建っている。

バラックスローから五ブロック、数百メートル西に歩いたところに瀟洒なタウンハウスがあった。連邦議会議事堂もすぐそばだ。その一番北側の一軒。レンガ造りの三階建て。目の前は公園になっており環境も悪くない。〇七年当時の推定価格は九四万ドル強。バラックスローの再開発が進み、周辺の地価が上昇すれば、当然この値段もアップすると見られていた。

この家の所有者が、実はルイス議員の夫人だったのだ。

「私自身、あるいは私の配偶者がこのプロジェクトによって経済的利益を得ることはないと保証いたします、と明言したのに、自分の身内の所有する家屋の価値を上げるためにイヤマークをつけたのではないか」。

こんな疑問がメディアで報じられた。

友人も受益者

さらにCBSテレビは、財政手当てを受ける「バラックスロー・メインストリート」という団体の運営に、ルイス議員の友人であるティップ・ティプトンというワシントンのロビイストが理事として加わっていると伝え、追い討ちをかけた。選挙区の住民ではなく、友人のプロジェクトのためにイヤマークを利用したというわけだ。

議会の重鎮、ルイス議員はなぜそのようなことをしたのか。事務所に連絡すると、対応に出たジム・スペクト次席補佐官が「うんざりだな」という感じの声を出しながら「これを読め」と議員の声明をくれた。そこには趣旨、このようなことが書いてあった。

――いまから二〇年前、毎週金曜日にバラックスローで行われた海兵隊のパレードは多くの人を魅了していたが、周辺はみすぼらしいもので、イベントが終わると人々はすぐに帰ってしまった。私が歳出委員長をしていたときも、この地域の人々が連邦予算でこの商店街をなんとかしてほしいと陳情に来たし青写真をつくってきたのだ――。

そして議員はこう締めくくった。

「このプロジェクトがそれ以外の理由によって実施されたと憶測するのは、馬鹿げている」。

自分の妻や友人が関係していることに関する説明は一切なかった。

また、イヤマークを交付された再開発事業の推進団体、バラックスロー・メインストリートの専務理事、クリスティーナ・アモルーゾはこう力説した。

「ティプトンさんが有名なロビイストだということは知っている。でもルイス議員の友人なんかじゃないわ。バラックスローはワシントンにいる議員の皆さんにとっても大事なところで、みんな再開発に全力をあげている。補助金をもらうことが、なんでそんなに悪いのかしら」。

もう一度、バラックスローの周辺を歩いてみる。道の広い商店街だが、昼間のせいか、人通りはほとんどない。青年が何人か所在なげに建物の陰でたむろしている。閉店したままの状態で「レント」と看板が掲げられ、借り手を探している商店も何軒か点在していた。

その後のサブプライム問題に端を発した地価下落もあり、仮にルイス議員が夫人名義の資産価値倍増をねらったのだとしても、その思惑は外れてしまっているようだ。

下院議長の疑惑

議員個人や身内の利益誘導をねらったと批判されるイヤマークは、実はルイス議員だけではない。しかも議会のトップが絡んでいるケースまで報告されている。

中部の大都市シカゴ。その西側、市街地が途切れるあたりでオーロラ市にぶつかる。このオーロラ市郊外の農村地区が、高速道路「プレーリー・パークウェイ」の建設予定地になっている。この高速道路建設予算の一部には、「運輸安全効率法」、通称「ハイウェイ」法案に入り込んだイヤマーク二億七〇〇〇万ドルがあてられることになっていた。

高速道路の建設を促進する法案を利用して、地元に予算を分捕ってきたのはオーロラ市を地盤とする当時の下院議長、デニス・ハスタート（共和党）だった。下院議長は非常に強い力をもつ。大統領継承権も副大統領に次ぐ二番目のポジションだ。ブッシュ大統領も〇五年八月、ハイウェイ法案に署名する舞台をハスタートの地元に設定、「議長は偉大な議会指導者だ。彼は地元を、そして選挙区の人々のことをこよなく愛している」と最大限の賛辞を寄せた。

しかし、米メディアの報道などによると、この高速道路をめぐるイヤマークには裏があった。ハイウェイ法案は〇五年七月に下院を通過したのだが、〇四年二月から〇五年一二月にかけてハスタート議長がからんだ複雑な取引が行われていた。

対象となったのは「プレーリー・パークウェイ」のインターチェンジ建設予定地から約九キロ離れた土地だ。実はこの土地の隣にハスタートの農場がある。ハスタートは友人と共同で設立した信託基金を利用して自分の名前が出ないようにしながら、この土地と自分の農場に関連した取引を重ねた。そして大統領が法案に署名した四カ月後の〇五年一二月、高値で売り抜ける形で約二〇〇万ドルの利益を手に入れた。

売買の対象となった土地の価格上昇が、建設にゴーサインの出た道路計画によるものだとの直接な証拠は示されていない。しかし、隣の土地と組み合わせて形を変えるなど取引の複雑な手口が明らかになるにつけ、マスコミは「何かを隠そうとしているのではないか」と疑った。ハスタート側は「やましいところは何もない」と反論。インターチェンジから九キロも離れていたら、高速道路の建設が土地の値段に影響を与えるわけがないと主張した。

しかし、この土地を買った業者は大規模な宅地開発を計画していた。車社会の米国ではインターチェンジまで九キロの距離はほとんど問題ない。ハスタートはさまざまな疑問に答えることなく、〇七年一一月、突然政界を引退した。

イヤマーク議員の戦術

このような私腹を肥やす可能性のある、あるいはそう疑わせるようなイヤマークがなぜまかり通るのか。実は議会自身がお墨付きを与えていた。

発端はカリフォルニア州コロナ市にあった。

西海岸の玄関口、ロサンゼルス国際空港から乾いた空気の中、東に一時間ほど車を走らせる。赤銅色の峠を一つ越えるとコロナ市に入る。南にサンタアナ山地の山並みが迫る。市の中心部からやや北に行くと、ノース・メイン・コロナ・メトロリンク駅がある。周辺住民に利用される通勤列車、メトロリンクの駅だ。ここを中心に周辺を再開発して「コロナ乗り継ぎセンター」を建設する構想が動き出している。ロサンゼルスなどの近隣諸都市からの鉄道やバスの中継基地にしようという計画だ。

駅北側の駐車場ビル建設を嚆矢に次々と施設を拡充し、航空業界の用語で言う「ハブ空港」のような機能をもたせようというねらいもこめたこのプロジェクトは、地元選出の連邦下院議員、ケン・カルバート（共和党）のイヤマークによるものだ。〇四財政年度で七〇万ドル、〇六年度には五〇万ドルを獲得した。

同じような乗り継ぎセンターは隣のリバーサイド市にも計画されている。これも地元選出のメリー・ボノ下院議員（共和党）のイヤマークだ。

地元のリバーサイド郡陸運局はセンター計画の推進について〇七年の年次報告書にこう記した。

「コロナ市とリバーサイド市に乗り継ぎセンター建設のための連邦政府資金が交付されるようになったことは非常に喜ばしいことだ。この連邦予算の獲得は、ケン・カルバート議員とメリー・ボノ議員の支援がなければ不可能だった」。

カルバートは〇七年度、一挙に五六〇万ドルの予算をつけて事業の推進をはかった。それと同時に下院倫理委員会に、このイヤマークが議会のルールに違反するか調査を依頼した。コロナ・センターのすぐ近くに、同議員の個人資産があることが地元メディアの報道で発覚していたためだ。「個人の資産価値アップをねらったイヤマークではないか」という批判に対して、カルバート側は倫理委員会に自ら持ち込んで潔白を証明してもらうという戦術に出た。倫理委員会は下院の常設委員会。同僚議員の行動に監視の目を光らせるのが本来の任務だ。

みんな儲けたのならOK

同委員会の調査によると、センター近くで確認された同議員の資産は七カ所。最も近い建物で一六〇メートル、遠いもので二・七キロの距離がある。センターが完成した場合、これらの物件にどれだけの経済効果が上がるかは定かではないが、特に近いところに位置する物件は資産価値がアップするだろうと予想するのは自然なことだった。

しかし倫理委員会は最終的に「カルバート議員は「イヤマークで経済的な利益を得てはならない」との議会規則を破っていない」という判断を下す。倫理委員会がカルバート議員宛に送った書簡はその理由について、いろいろと難しい書き方をしているが、要旨は次のようなものだった。

「当委員会は、議員の皆さんが個人用の住宅やそのほかの財産を選挙区に所有していること、そして議員の主な責務の一つが、道路、諸施設、その他の公共事業への予算投入を通じて、当該選挙区の利益増進にあることを認定する」。

「当委員会は、コロナ乗り継ぎセンターの計画がカルバート議員の財産の用途にただちに影響を与えるとは認定しない。ほかに何か特別な利益が付与されるとも認められない。イヤマークの結果として生じる資産価格の上昇は派生的・間接的なものであり、センター周辺の地主の一人として経験されることである」。（二〇〇七年五月三日付、下院倫理委員会からケン・カルバート議員宛書簡）

議員が地元に不動産資産をもっていることはよくあることだ。イヤマークをつけたために資産価格が上昇したとしても、他にも価格上昇を享受している人がいるのであれば問題はない――。倫理委員会はこう言っていた。そして多くの議員がそれを正確に理解した。

これらの物件を歩いてみた。最も近いとされた建物は、センター予定地から徒歩一、二分の距離にあった。平屋の瀟洒なつくりで、家の前には背の高いヤシの木が真っ青なカリフォルニアの空に向かって伸びている。「カルバート不動産」という看板がかかっている。この議員がオーナーをつとめる不動産会社の事務所だ。センターが完成すれば近隣の地域から人々が集まってきて周辺地区の活性化につながる可能性がある。そのとき、この位置なら値上がりが期待できそうだ。

ほかの物件は市内の目抜き通りに面したものが多い。そのうちの一軒には歯医者など五つの事務所が入居している。センターから約一・三キロとされたこのビルの前の駐車場では、若者たちが通りかかる車を呼び止めて洗車している最中だった。アメリカではよく見られる光景だ。

「このビルはカルバート下院議員の所有なのですか」。

洗車チームのリーダー格の男性に聞いてみる。

「え、何？　下院議員？　そんなこと知らないよ」。

カルバートはこの問題について、米メディアの質問にも一切答えていない。そのかわりこんなメッセージを支持者宛に出した。

「カリフォルニアはこれまでずっと、連邦から受け取るサービスや補助金を上回る額の税金を納めてきました。ワシントンでの重要な仕事は、有権者の皆さんが納めた税金をわれわれの地域に戻すことにあると私は考えています」。

「私は〇八財政年度予算に要求した議会イニシアチブズ（イヤマークのこと＝筆者注）をウェブ上で公開しました。私は下院によってアウトラインが示されたように、それが自分の財産的な利益にならないことを証明しています」。

地元への利益還元が議員の仕事、イヤマークはそのための手段、そして開発地区から目と鼻の先に自分の資産があるような場所にイヤマークをつけても個人的な利益をねらっているわけではない――。カルバート議員のロジックを簡単に表現すればこうなるのだろう。

この下院倫理委員会の決定には、さすがに議会内からも批判の声は出た。しかしこれ以降、本来なら選挙民のために活用されるはずのイヤマークが、政治家の金銭的利得の対象になることは事実上容認された。イヤマークの財源は税金だ。税金が政治家の資産価値アップのために使われている。同じような腐敗がはびこる開発独裁の国々の慣行を、米国は批判できるのだろうか。

4　変わらぬ無駄遣い体質

人気の歳出委員会

批判の高まりとともに、イヤマークはここ数年、「利益誘導だ」「放漫財政につながる」として議会でも一部議員から廃止が提案された。しかし、上院は二〇〇八年三月、イヤマークを一年凍結するという法案を反対多数で否決した。

〇八年の大統領選挙で共和党の候補者となった上院議員、ジョン・マケインが数少ないイヤマーク反対派であることを引き合いに出し、投票前は「確かにマケイン議員の言っていることにも理はある」などと言っていた共和党の上院議員も、半数以上があっさりと「一年間凍結」反対に回った。投票結果は七一対二九。イヤマーク賛成派の圧勝だった。

下院でも同じ。当初ナンシー・ペロシ議長は「一年間凍結」に賛成するような姿勢を示しながらも、最終的に法案を棚上げにした。

共和党の院内総務をつとめるジョン・ベイナー議員は「ペロシ議長の不作為には非常に失望した」などと強い調子で批判した。ベイナー自身は従来からイヤマーク反対派で「利益誘導ゼロ」をセールスポイントにしているのだが、議会関係者は「イヤマークを欲しているのは共和党も同じ。ほとんどの議員は凍結されずによかったと思っているよ」と指摘する。

それと引き換えに議会では、イヤマークを導入した場合はその議員名を併記するよう義務づける法案を通した。透明性確保の観点からは一歩前進といえるが、「抜本的な改革とはいえない」と多くの識者が批判的だった。

イヤマークの魅力は無視しがたいものがあるようだ。上下両院の歳出委員会やその下の小委員会にメンバーとして名を連ねればイヤマークをつけやすい。したがって、この委員会ポストは議員に人気がある。

共和党下院議員のレイ・ラフッドは地元紙の取材の中で正直に答えている。

「私が歳出委員会に所属したのは、あるいはほかの議員がこの委員会に入りたがるのは、カネがどこにあるのか、誰がカネを分け与えているのかを知ることができ、そしてカネが配られるときにそこにいられるというポジションだからなんです」。

ちなみに、ラフッドは〇八年の大統領選挙に勝ったバラク・オバマから運輸長官に指名された。新大統領は「党派を超えた団結」と自賛したが、ウォール・ストリート・ジャーナル紙は「オバマ政権のイヤマーク長官」と題する社説でラフッドを批判した。

「ラフッド氏はイヤマークを抑制しようという努力に最も強く抵抗した政治家である。(中略)オバマ政権の標語になった「変革(チェンジ)」に関して彼が象徴しているのは、国民の稼いだカネから(無駄遣いのために)せっせと使う分を増やすということだ」。

擁護派への変身

「利益誘導の政治をストップしよう」と説き当選してきた議員も、ワシントンの水に慣れてくると有権者を裏切って「イヤマーク擁護派」に宗旨替えしている。

ノースカロライナ州選出の民主党下院議員、ヒース・シューラーは元アメリカン・フットボールのプロ選手。一時期、強豪ワシントン・レッドスキンズのクォーターバックとして活躍し、選挙資金の受け皿となる自身の政治活動委員会(PAC)も「サード・アンド・ロング」と名づけた。

四回の攻撃で一〇ヤード前進しなければならないアメリカン・フットボールで、三回目の攻撃時にまだ相当長い距離が残っているのは司令塔をつとめるクォーターバックにとって真価が問われる場面だ。しかし、この議員の真価が問われたのはイヤマークをめぐってだった。

シューラーは〇六年の選挙で共和党の現職がイヤマークを乱発していたことを批判、市民の共感を得て初当選した。その直後、民主党内で財政再建を主張する穏健派グループに所属すると表明、雑誌のインタビューで「米国には九兆ドルの借金がある。私たちは財政を均衡させ、もっと税金を賢く使うため最善の策を見つけねばならない」と答えた。

さらに「あなたは対立候補がイヤマークを使っていると批判していましたが、イヤマークに制限を設けますか」と問われてこう答えた。

「歳出をチェックしバランスをとることが必要です。イヤマークにしてもそれがその地方の大多数の人にとって利益が出るようにするため、きちんと監視する必要があります。もし（国に）お金がないのであれば、お金を使う必要はありません」。

それから二年。市民団体の調べによると、〇八年度にシューラー議員は総額約二九〇〇万ドルのイヤマークを獲得、一挙に中堅議員と肩を並べた。議員事務所にコメントを求めたが返事はこなかった。

「管理費」で政権にも恩恵

国民の監視の目に議会も敏感にならざるをえない。しかし、〇八財政年度のイヤマークは約一七〇億ドル。ピークの一八〇億ドル（〇五年度）よりは少し額が減ったとはいえ、依然として高水準にあることは間違いない。

ブッシュ大統領は〇七年一月二三日の一般教書演説で「イヤマークという慣行に終わりを告げる時がきました。議会は少なくともイヤマークを半減するべきです」と財政の無駄遣いを半分にするよう求めた。

しかし、現実にはイヤマークは米国の財政に深く組み込まれてしまっている。しかもイヤマークを通じて議会を批判する政権側もその恩恵にあずかっているケースがあるので話は複雑になる。イヤマークとしてついた予算を執行する際、実施官庁がその一定割合を「管理費」と称して人件費などにあてているのだ。

たとえば民主党上院議員のベン・ネルソンの報道官によれば、ネブラスカ大学の医療研究に対してつけた一〇〇万ドルのイヤマークのうち、一二%が待てど暮らせど大学側に支払われないのだという。同じくネブラスカ大学に払われるはずだった旱魃《かんばつ》研究費のイヤマーク二二万ドルも一〇%が執行されていない。

このような予算の執行停止が多くの省庁で行われていることはニューヨーク・タイムズ紙の調べでわかった。国防総省が最高で二五%の執行を保留、農務省の動植物検疫局はイヤマークによってついた予算の二・五—九%を相手方に渡していないという。ただ全体像がはっきりとしているわけではない。保留した予算は「そのイヤマーク執行のための管理経費」と説明されるが、役所の職員の給与とか郵便代など、イヤマークをつけた事業とはまったく関係のない経費として消えていっていることもわかってきた。

イヤマークへの賛否は別として、予算で決められた金額を全部渡さずに一部を自分たちの経費に充当する行為を、普通「ピンはね」と言う。そんなことが認められるのだろうか。ブッシュ政権の行政管理予算局（ＯＭＢ）に問い合わせてみた。広報担当官との間でこんなやり取りが展開された。

――こういうケースは予算の目的とは異なった支出であり、違法ということにはならないのですか。

「法的妥当性ですか。それならまったく問題ないというのがわれわれの見解です」。

――なぜでしょうか。

「法律に違反していないからです」。

――一体全部でどれくらいの額が執行を停止されたり流用されたりしているのでしょうか。

「いまＯＭＢでは全部でいくらという数字を持ち合わせていません。ただ、〇九年中の完了を目標に、全体でどうなっているのかの調査を始めています」。

〇九年一月、オバマ政権発足とともに、ホワイトハウスの一機関であるＯＭＢも幹部の顔ぶれはがらりと変わった。各省庁でのイヤマーク執行停止状況調査も、議会が継続的に迫っていかないと、忘れ去られる可能性が大きい。

電話マーキング

いま米国で問題になっているのは、どこの地域の何というプロジェクトにいくらという具体的な金額が貼り付けられたイヤマークだ。しかし、実はこれ以外にも同じような歳出のメカニズムが潜んでいる。具体的に特定できるものに比べてなかなか指摘が難しいイヤマークだ。歳出法案の委員会報告などに「委員会はこのプログラムを支持した」とか「実現するように推奨する」などと書かれているだけで金額などには触れられていないものがある。このような場合、省庁側に予算化の義務はない。しかし現実には政治的圧力は大きく、多くの場合は歳出が具体的に決まる。議員が電話で予算化を要請してくるので「電話マーキング」とも呼ばれる。

議会調査局（CRS）によると、通常のものと電話マーキングの間に差はほとんどなく、行政府は同じ扱いをしなければならない慣行になっている。しかも政治的圧力は時として脅迫めく。

米国際開発局（USAID）の前局長がニューヨーク・タイムズ紙のインタビューに対して、「報告書に記載されたプロジェクトに歳出をしない場合は、国際開発局全体の予算をカットしてやると、二人の政治家から脅された」と告白している。

従来型のイヤマークに対する批判が高まるにつれて、電話マーキングに流れる案件が増えてくるのではないかと予想する専門家は少なくない。

無縁な政治家はひと握り

これだけ蔓延したイヤマークをゼロにすることは簡単ではないし、少々漫画的な光景も展開される。

下院の共和党を引っ張る院内総務のジョン・ベイナー。もともと数少ないイヤマーク反対派の一人だったベイナーは〇八年二月一二日の声明で、「イヤマークは機能しない政治の街ワシントンの象徴になってしまった。市井の人々が生活費で苦しんでいるときに、政治家たちは必要のない事業にお金を無駄遣いしている」と強調した。そして「歳出委員会の共和党議員がイヤマーク改革案を準備している」として、ジャック・キングストン、フランク・ウルフ、ザック・ワンプを紹介した。

しかし、市民団体の資料によると、〇八財政年度のイヤマーク獲得額でキングストンは一三位、ウルフは六八位、ワンプは七七位。いずれも熱心な「イヤマーク支持者」だった。

〇八年九月四日夜、ミネソタ州セントポールで開かれた共和党大会で、大統領候補としての指名を受けた上院議員、ジョン・マケインは、万雷の拍手の中で指名受諾演説を行った。その中でこの政治家はイヤマークについて言及した。

「私はこれまで過大な支出を好む者たちと戦ってきた。彼らは国民にとって必要でもなければ国民が欲してもいない事柄に税金を無駄遣いしている。大統領就任後、最初に私の執務机に上がってきた過大な支出のイヤマークを含む法案に対して、私は拒否権を発動するだろう。そして私は（イヤマークをつけた）彼らの名前を公表する。皆さんは彼らの名前を知ることになるだろう」。

会場を埋めた共和党支持者からは拍手が起こったが、彼らの中にはイヤマーク獲得に心血を注ぐ共和党の連邦議会議員や地方議員も数多く含まれていた。

それよりも何よりも、マケインが副大統領候補に選んだアラスカ州知事、サラ・ペイリンも自治体の長として、イヤマーク獲得合戦に参加していた。米メディアが報じたところによると、二年間の知事在任中、ペイリンは総計で四億五三〇〇万ドルのイヤマークを連邦政府に求めている。この中には人口一〇〇人に満たない離島の空港改修費などが含まれていた。

連邦から地方まで、いまの米国でイヤマークと無縁な政治家はほんのひと握りだ。

5 「つかみ金」で票を買う

再選率は九五%

イヤマークの実態を概観したとき、そこに見えてくるのは、財政配分のあり方だけでなく、私利につながる疑惑の存在だった。そしてもう一つ重大な問題がある。この財政措置が選挙という民主主義の基本をも侵食する可能性を秘めているということだ。

議員を選ぶときの基準が政治理念や政策の妥当性だけなら、こういう問題は生じない。しかし、現実には利益誘導の有無、議員に求める見返りなど、さまざまな要素が混ざり合いながら投票行動に反映される。そして、もし有権者が「イヤマークをつけてくれたから」という理由で一票を投じれば、小選挙区制の米国では現職が勝つことになる。

実際、米国で現職の再選率は高い。二〇〇六年の連邦議会選挙は九四%、〇八年は下院で九五%を超えた。制度や政治風土が違うので単純な比較は難しいが、日本の総務省によると、〇五年の衆院選挙で小選挙区から立候補し当選した現職(解散後は「前職」となる)の比率は六〇%だった。米国の再選率がかなり高いことは間違いないようだ。

ただ、現職の再選率が高いことは弊害を伴う。まず政治によどみが生じやすい。よどみは腐敗につながっていく。また議会内の党派別議席数が固定されやすい。現職が再選されるなら、引退する議員の選挙区で相手側の党派が勝たないかぎり、議席数に大きな変化が生じない理屈になるからだ。米議会選挙の歴史を見ると、上下両院の多数党が同時に交替した〇六年の中間選挙のようなケースはむしろ少ない。

現職の再選率が高い原因は、イヤマークを使った利益誘導によるものだけとは言い切れない。顔の知られた現職に政治献金が集まりやすいのは政治の世界では常識だ。しかし、九四年の下院選挙で共和党のギングリッチ議長が試みたといわれるように、少なくとも政治家の側は再選に結びつけるねらいでイヤマークを配分しようとする。

検証作業の最後として、このばらまきが選挙に利用されている明確な事案を報告したい。同時にこのケースは「イヤマークのようなつかみ金で票を買う」という行為に限界があることを示しているので興味深い。舞台はニューヨーク州の州都オルバニーだ。

州議会の腐敗

ハドソン川の豊かな流れに沿ってマンハッタンから列車で北に二時間半。川沿いの緩やかな傾斜を利用したオルバニーの街並みが緑の木々の中に広がる。

市内でもひと際威容を誇るのがニューヨーク州議会の議事堂だ。ワシントンの連邦議会だけでなく多くの州議会がドーム型の議事堂を有するのに対して、この議事堂は中世の古城を思わせる造り。この中で上院と下院の二院が州行政に関する法案や予算を審議する。

ニューヨーク州政界は米国史を彩る政治家を輩出してきた。グローバー・クリーブランド、セオドア・ルーズベルト、フランクリン・D・ルーズベルトなどの大統領はニューヨーク州の議員や知事をつとめていた。しかし、この落ち着いた伝統のある街を舞台に繰り広げられる州の政治もまた金権的だ。

州議会は〇八年五月にニューヨーク州版イヤマークの状況を公表したが、配分には大きな特徴があった。このとき州議会の上院は共和党が多数を占めていた。上院で一番多額のイヤマークを獲得したのは共和党のリーダー、ジョセフ・ブルーノで四二〇万ドル。二番目も共和党、三番目も共和党というように、上位はすべて共和党議員で占められていた。

市民団体の「ニューヨーク公共利害リサーチグループ」の調べによると、共和党の上院議員のイヤマーク獲得額が平均約二三〇万ドルだったのに対して、少数党である民主党の平均は約二九万ドルだった。なぜ一〇倍近い差がつくのか。それは配分の権限が議会の多数党に与えられているためだ。特に〇八年は一一月に州議会選挙が控えていたので、激戦になると予想された選挙区の共和党現職には手厚く配分されたのだという。

「これじゃ、税金を選挙資金としてばらまいているのと同じじゃないか」と州上院の民主党はオルバニーの地元紙にぶちまけた。

しかし、彼らの主張は歯切れが悪い。なぜか。それは州議会下院の多数を占める民主党下院議員団が、上院共和党とまったく同じことをしていたからだ。下院民主党議員のイヤマーク平均獲得額は約五四万一〇〇〇ドル。共和党は一二万二〇〇〇ドル。上院ほどの開きはないが、やはり差は歴然としている。

このような上下両院の議員に行き渡る資金配分もあり、ニューヨーク州議会の現職再選率はつねに九五％以上で、上院では共和党が六六年から、下院では民主党が七四年から、ずっと多数党の地位を維持してきた。

ニューヨーク州上院で〇六年まで一〇年間議員をつとめたセイモア・ラックマンは、オルバニーの地方政治中枢部は機能不全に陥っていると強調する。

「上院の多数党である共和党のリーダーと、下院の多数党である民主党のリーダー、それに州知事の三人で主要なすべての物事を決めている。彼らはビッグ・スリーと呼ばれます。信じられないボス支配の構造です。不正もあとを絶ちません。州政治の中枢部は腐りきっています」。

ラックマンによるとイヤマークは腐った構造の代表例。民主党の上院議員だった彼は、少数党の議員として毎年一三万ドル程度のイヤマークの割り当てを受けていた。民主党の中でも少ないほうだ。上院の多数党である共和党議員は、最低でもこの一〇倍はもらっていたという。

「あと三〇〇万ドルいらないか」

ニューヨーク州でイヤマークが始まったのは八〇年代の初めだろうとラックマンは言う。最初の頃は全体で三〇〇〇万－四〇〇〇万ドルだったものが、いまでは毎年全体で一億数千万ドル規模で推移している。そして強力なライバル候補が現れ激しい選挙が予想される多数党の候補者には、より多くのつかみ金が渡される。

イヤマークの政治化を象徴する出来事をラックマンが教えてくれた。

「半年後に選挙が控えていた〇二年春のことでした。私は共和党の上院指導者のブルーノ氏に呼び出されました。彼は州議会で最も権力をもつ男だったのですが、秋の選挙以降、共和党支配をより強固にしたかったようです。彼は私にこう言ったのです。もし君が共和党に加わってくれるならばイヤマークをあと三〇〇万ドルほど追加であげようじゃないか、とね。これには絶句しました」。

ラックマンはこの申し出を断ったが、イヤマークで議員を一本釣りして変節を迫る共和党リーダーの行動は、ニューヨーク州では決してめずらしいものでないという。

イヤマークという公金が、選挙を勝ち抜いて多数党という権力の座を維持するための材料になっている現実。州議会レベルではそれがよく見える。正直といえば正直。露骨といえば露骨。州上院を辞したあとニューヨーク市内の大学で教鞭をとるラックマンは苦笑いしながらこう話す。

「こんなこともありました。私は地元選挙区に個人事務所を一カ所しかもっていなかった。不便なので二カ所にしたいと申請したところ、共和党の連中に「二つもつのはルール違反だ」と言われ断念しました。しかし、真実は違っていました。一三人の共和党議員が個人事務所を二つ以上持ち、しかもそのうちの一部は運営費などをイヤマークでまかなっていたのです。これがわかったのはずいぶん後になってからでした。まあ、私もイヤマークを受け取っていたが、個人的には制度に反対だった。仮に続けるとしても金額を同じにして中身などを公表するべきではないかと思います。なにしろ、誰がいくらもらうのかなど、決め方には透明性などまったくないのですから」。

多数党交替

州議会議事堂に程近いオフィスで、リサ・バングヤンセンの話を聞いた。オルバニーに住んで三〇年になる彼女は、ニューヨーク州の政治を監視するシンクタンク、「ニューヨーク州政策エンパイア・センター」の上級政策アナリストをつとめる。

「イヤマークは最近特にエスカレートしています。上下両院で共和、民主のリーダーが予算の中から配分するのですが、その際、この議員は自分に忠誠を誓っているか、自分にとって都合のいい人間なのか、この議員の再選にどの程度効果があるかなどが考慮されているようです。イヤマークをつけた議員の名を冠した施設も目につきます。上院共和党の指導者で実力者だったブルーノの名前は、野球場から放送局のコントロールルームに至るまでつけられています。それらの資金の出所は州民の税金であるにもかかわらずです」。

州議会でイヤマークをつけるのは、別にニューヨーク州に限った風習ではない。市民団体「政府の浪費に反対する市民たち」のデービッド・ウィリアムズ副理事長によると、ペンシルベニア州では「歩き回るマネー」と呼ばれるし、テネシー州では議員一人に一〇万ドルの割当てがあるのだという。ほとんどの州で慣行化しているのは間違いないとのことだった。

国政レベルでのイヤマーク批判の高まりとともに、ニューヨーク州でもイヤマークを野放図にしてよいのか、という声が大きくなっている。これに応えて同州政府は〇七年から州司法長官がイヤマークのチェックを始めると発表した。

一歩を踏み出した形だが、エンパイア・センターのリサ・バングヤンセンはこう指摘する。

「司法長官は納税者のお金の使い道として適切かどうかを調べるわけではありません。あくまでも法律に違反していないかどうかのチェックだけです。確かに自分の親族の会社にイヤマークを渡すなどという露骨なケースは消えるかもしれません。しかしイヤマークの総額が抑制されるとか、透明度の確保につながるなどと期待できるかは疑問です」。

このようなニューヨーク州議会も連邦議会同様、議員のスキャンダルがあとを絶たない。下院民主党の重鎮議員はニューヨーク市内の病院のため州政府に「口利き」をした見返りに三一万ドルを受け取ったとして逮捕された。ニューヨーク市選出の民主党議員は州政府の公金四〇万ドル以上を自分の経営する会社の経営資金に回したとして起訴された。イヤマークを自分のオフィスの家具購入費にあてていたなど、モラルの著しい低下を示す疑惑は数々ある。

そして、ニューヨーク州の政界に君臨し、イヤマークの配分権限を握っていた共和党の上院指導者であるジョセフ・ブルーノにも、自らの地位を利用してサイドビジネスを行っていた疑いが浮上した。ブルーノは〇八年七月、上院議員を辞任したが、半年後、業者らから三二〇万ドルを不正に受け取っていたとして起訴された。イヤマークのばらまきは議会構成の固定化の一要因になるだけでなく、不正に結びつきやすく、イヤマークを支配する権力者は腐敗しやすいという好例だろう。

さらに、ブルーノの疑惑よりももっと重大な出来事が起こった。〇八年一一月四日に行われた州議会選挙で、六六年から上院を支配してきた共和党が敗北。四二年ぶりに多数党の地位を民主党に明け渡したのだ。イヤマークをばらまき自らの権力基盤を固めるという地方政治の構造は崩れた。さまざまな腐敗に州民が「ノー」を突きつけ逆襲した形だ。

しかし、新たに権力を握るニューヨーク州上院の民主党が共和党と同じことをしないという保証はどこにもない。

第4章 改革に向けて

政治の無駄遣いを告発する市民団体が作成した年次報告書の表紙
出典）The 2008 Congressional Pig Book Summary (Citizens Against Government Waste, 2008)

政治家にのしかかる現実

米国は新しい指導者を迎え、少々興奮した状況にある。

大統領としてホワイトハウス入りしたバラク・オバマはさまざまな分野で矢次ぎ早に決定を出し存在感を高めた。支持率も高い。

オバマの前には、イラクやアフガニスタンなどをはじめとする外交政策から、経済の立て直しまで、難題が立ちふさがっている。彼が単なる雄弁家なのか、超大国のリーダーにふさわしい資質をもった政治家なのか、多分そう遠くない時期に明らかになってくるのだと思う。そして米国政治を取り巻くさまざまな病理を新政権の課題として取り上げて、解決に向けてステップを踏み出すのかもわかってくるだろう。

しかし、若き指導者の出現で米国政治の構造がすぐに変化するわけではない。この報告で見てきたように、資金をより多く集めたほうが選挙に勝つ可能性が増すという現実は、政治家にとってきわめて重い。落選してはならじと、議員は資金集めに励む。

そしてそれと同時に、「テレビCMなどの経費が膨らむ→政治家の資金需要が大きくなる→献金の重要度が増す→ロビイストらの活躍の余地が拡大する」という構造的サイクルも年々より強固なものになっている。

しかも、オバマ自身が史上最高額を使って大統領選挙の激戦を勝ち抜いたという事実は、何か改革を進めようとするとき、自分で自分に枠をはめる。オバマは「公的助成制度の支持者」と言っているが、自分の支持する公的助成を拒み、自ら札束をかき集めて大統領になった者が公営選挙論を提唱する明らかな矛盾を、彼は選択しないだろう。選挙改革は個人や政治活動委員会(PAC)の献金限度額見直し、ソフトマネーの規制強化など、当面は一つひとつの小さな改革を積み重ねていくことになりそうだ。

イヤマークと憲法論議

イヤマークという利益誘導の政治はこの二〇年ほどで米国の地域社会にがっちりと根をはった。現職議員の地元に、不均等に、精査もされず、税金が再配分されるシステムは、再選をカネで買う側面をもっている。これは民主主義の基本原則に照らして是認できる限度を超えている可能性がある。たとえそれが予算全体から見れば小さなものであったとしてもだ。

しかし、イヤマーク廃止論に対しては議員の側から米国の制度設計を背景にした根強い反論がある。

米国憲法は第一条第九節第七項でこう言っている。

「国庫からの支出はすべて、法律で作成される歳出法案に従ってのみ行われる」。

イヤマークの濫用が問題提起されて以降、議員の利益誘導を阻止するべしという世論が高まった。しかし、共和党の二人の議員が「ちょっと待ってくれ」と声明を出した。共和党のラリー・クレイグ上院議員とマイク・シンプソン下院議員だ。趣旨はこうだ。

「汚職を増長し連邦の支出を増やすなどとして、イヤマークを削除するように提案している議員もいる。しかし、イヤマークを削除することは、納税者が納めた税金がどのように使われるかの権限を連邦政府に譲渡することを意味するのだ」。

「イヤマークをつけるということは、国民のお金を連邦政府から遠ざけ、米国の地域共同体に戻すことを意味する。イヤマークの削減が連邦予算策定の責任を議会から政府の官僚機構に引き渡すのは明らかだ。これは正しいことではない。憲法を制定した建国の父たちは、大統領ではなく、官僚機構でもなく、議会こそが予算をつくるべきだと明確にしているのだ」。

この声明を出したクレイグ上院議員は〇七年に性的スキャンダルを引き起こし、政治的影響力を失い議員を引退した。二人の主張が特に注目を集めているわけではない。しかし、世論のイヤマーク批判に対し憲法を持ち出して真正面から対抗しようとするこの論理は、今後も使われるとみられる。

イヤマークの実態を改めるには透明度を高くすればいいという意見も強くなっている。インディアナ州フォートウエィンを地盤にする連邦下院議員、マーク・サウダーは以前から自分のイヤマークを公表してきた。

「九四年に初当選してワシントンに来たのですが、あるとき地元紙の記者からこう言われました。あなたは何をイヤマークとしてリクエストしたのか開示するべきだ、それを知るのは納税者の権利だ、とね。それ以前はどの議員も自分のイヤマークの要求についてほとんどオープンにしていませんでした。公開すればほかの議員と比べられてしまうからね。しかし、考えてみれば確かに透明性を確保することは重要です。イヤマークというものを利用して秘密に予算をつけるのはやめるべきです」。

カンザス州選出の民主党下院議員だったナンシー・ボイダも全面公開を訴える。

「イヤマークのシステムは腐敗につながりやすく、説明もなされないので、改革が必要です。納税者には議会がどのように税金を使いたがっているのかを知る権利があります」。

透明度を高めるのは一歩前進であることは間違いない。しかしそれで事が済むわけではない。問題の核心は、財政配分を、誰が、誰のチェックを受けて決めるのかだ。

歳出法案の報告書などでコソコソ扱うから疑いの目で見られるのであり、正々堂々とイヤマークを法律で予算化するべし、という意見もある。だが、透明化に対してさえも抵抗の強い議会において、全イヤマークの法案化というアイデアに賛同する声は聞かれない。イヤマークそのものを廃止すべしと主張する議員は圧倒的に少数派だ。

破綻企業がロビー活動

ロビー活動もなかなかしぶとい。

〇八年秋、金融危機の波が米国を襲った。そんなとき、ウォール・ストリート・ジャーナル紙にこんな記事が載った。

――経営不振から八〇％の株を連邦準備制度理事会（FRB）に保有されるようになった保険最大手アメリカン・インターナショナル・グループ（AIG）は、政府の管理下に入ったあとも巨額の資金を投入し、連邦議会・政府にロビイング攻勢をかけている――。

ロビー活動というのは本来、民間が議会や政府に対して働きかけることを意味する。イヤマーク獲得で自治体もロビイストを雇うケースはあるが、これは地方対連邦政府という図式でまだ違和感は少ない。しかし、連邦の管理下に入った企業が政府や議会に対してロビー活動を行うというのは矛盾ではないか。

調べてみた。まずAIGのロビー活動の状況を議会への報告書でチェックする。この会社がロビイストを使って税制問題から破産法制まで幅広く議会に働きかけていることがわかる。〇八年一月から九月末までグループ全体のロビー活動の費用は連邦政府関連分だけで八六〇万ドルになる。

政府の管理下に入る前は別としても、なぜロビー活動を続けるのか。AIGに問い合わせてみると、スポークスマンのピーター・テューラップマンが簡潔に説明してくれた。

「私たちはいまでも世界的規模での対政府関連活動を続けています。それは保険契約者、納税者、株主の利益を保護するためのものなのです」。

対政府関連活動というのは、要するにロビー活動のことだ。現在AIGの主要株主はFRB、つまり中央銀行になっている。もしAIGの経営が悪化すれば、FRBの資産が毀損される可能性が出てくる。それは最終的には国民にツケとして回っていく。逆にロビー活動の結果、AIGの経営にプラスに働けば、それは株主である中央銀行、そしてその背後にいる納税者の得にもなる——。スポークスマンの言っていることはそういう意味だった。

しかし、ロビー活動にはカネがかかる。仮に政府管理下に入る前と同じペースとして単純に計算すれば、一カ月で約一〇〇万ドル弱かかっていることになる。経営が事実上破綻して政府管理になった企業が、巨額を投じて政策を自分に有利なように誘導するのは変だという声は高まっていった。

最終的にAIGのロビー活動は一時停止となった。上院が「公的資金を得た企業はロビー活動をしてはならない」という立法措置を講じると明言したためだ。

しかし、経営危機に陥った企業がロビー活動を続けるのはAIGに限ったことではない。米国の三大自動車メーカー（ビッグスリー）は車の売れ行きが落ち、破綻寸前に追い込まれている。ゼネラル・モーターズ（GM）などは「このままでは資金繰りが行き詰まる」と自ら公表して一層の株価下落を招いた。普通、経営が苦しければ懸命な歳出削減で立て直しをはかる。しかし、ビッグスリーは違った。彼らは公的救済を求めて議会のロビー活動に全力をあげたのだ。ロビイストを動員するのだからカネがかかる。

「有権者の期待にこたえる政治センター」の調べによると、経営危機が表面化してきた〇八年九月から同年一一月の間、ロビー活動の費用はGMだけで一〇〇〇万ドル、フォード・モーターは五八〇万ドル、クライスラーは五三〇万ドル。三社合計すれば二〇〇〇万ドルを超えた。経営が危ないにもかかわらずだ。

一連の事態で明確になったことがある。「企業死すともロビー活動は死なず」というメッセージだ。

番犬たちの努力

では、米国政治を裏で支える構造は今後も揺らぐことなく、国民は時折腐敗臭とともに顔を覗かせるスキャンダルに付き合っていくことになるのだろうか。

そうかもしれない。しかし、より長期的にみれば変化の兆しも感じられる。国民の側から現行体制について明確な異議申し立ての声が大きくなっており、それが少しずつではあるが政治に投影されはじめているのだ。

政治資金の流れを監視し、イヤマークの実態を暴いていく市民団体は、ワシントンなどに数多く存在する。またニューヨーク州のように州レベルでも政治をチェックする非営利組織が活躍している。これらのグループが実施する調査や分析が金権政治の肥大化に一定の歯止めをかけていることは間違いない。

彼らはメディアなどで「ウオッチ・ドッグ（番犬）」と呼ばれる。たとえばこの報告でもしばしば引用した「有権者の期待にこたえる政治センター」だ。連邦選挙委員会（FEC）の公開資料などをもとに政治家をめぐる資金の流れを調べ、データベース化している。

この団体の発足は一九八三年。二人の引退した上院議員が創設した。最初は議員の任期や委員長の権限など議会の効率性について研究していたが、次第にカネと政治の問題について焦点をしぼるようになり、いまや米マスコミの選挙報道には彼らのデータが不可欠になっている。職員は一五人で年間予算は一五〇〇万ドル。財源は個人からの寄付が中心で、政治家に献金しているPACをかかえた企業や組合などからの資金は受け取っていないという。

理事長のシーラ・クルムホルツはこう言う。

「センターの任務は政治献金などが選挙にどのような影響を与えているのか、自分たちの選挙がカネにどう左右されているのか、そしてそういうカネの流れが国民生活に関連する政策形成にどう反映されているのか、などを有権者の前に示すことです。もし米国の選挙制度が世界で最もカネのかかるものであるなら、同時に最も透明性を高くしなければならないと信じています。ただ、私たちの目標は政治からカネの役割を排除し選挙のあり方をかえるということではありません。私たちは政治とカネの情報を提供するために存在します。人々はこれらの情報に基づいて行動をとることができますし、何かをかえることもできるのです」。

イヤマークを監視する団体も、こつこつと地道な努力によって大きな流れを変えはじめている。たとえば「政府の浪費に反対する市民たち」。副理事長のデービッド・ウィリアムズによると、全部で一四人いる事務所のメンバーの中で、イヤマークを徹底的に調べているのは三人だけ。その人数で膨大な歳出法案と付属リポートを調べ、五〇〇人以上の上下両院議員のイヤマークを特定していく。作業の中心メンバーである副理事長のウィリアムズはこう話す。

「イヤマークを予算に盛り込む場合は、それをつけた議員の名前を併記するように義務づけられました。これで仕事が格段に楽になった。それまではイヤマークのついた地域から議員を推定し、その議員の発言や記者発表などを調べたりして、それは手間がかかったんですよ」。

こういう市民団体の活躍は、大量の献金を受け取り、イヤマークで利益誘導をはかり私腹を肥やす議員の動きを鈍らせている。

情報公開の重要性

同時にこれら市民団体の活動を支えるのが公開情報であることも特筆される。政治献金はFECが詳細なデータを公表しているし、ロビー活動に関しても議会に提出された報告書はそのまま見ることができる。外国政府とロビー契約を結べば、司法省への詳細な届出が必要になるが、これも誰でもそのまま閲覧できる。番犬の役割を果たす市民団体の多くは、これらの公開情報をもとにさまざまな事実を浮き彫りにしてきた。

またエイブラモフ事件で見たような議会の調査能力も忘れてはならない。議会スタッフによる聞き取りと証拠資料の収集が、闇の中に消えたかもしれない事件を詳細によみがえらせた。膨大な報告書をまとめた彼らには調査能力があっただけでなく、事実を究明するための権限も与えられていた。

そしてメディアの頑張りにも注目できる。エイブラモフを追い詰めたワシントン・ポスト紙のように、ロビー活動を、イヤマークを、政治献金を、日常的に追いかけて問題点をあぶりだしている記者は少なくない。この報告にも彼らの努力の成果をずいぶんと活用させてもらった。ウォーターゲート事件で見せた「政治の疑惑は民主主義に対する重大な脅威」ととらえる米国の健全なジャーナリズム感覚を垣間見る思いがする。

金権政治は深刻さの度合いを増している。それはこの報告で見たとおりだ。しかし、だからこそ市民団体やジャーナリズムの小さな一つひとつの活動が重要な意味をもってくる。たとえば「政府の浪費に反対する市民たち」の理事長、トーマス・シャッツは「政界のイヤマークに対する認識が変わりはじめた」と指摘する。

「政治家もイヤマークに対してより警戒的になっていると思います。総額も頭打ちです。政治献金の事実上の見返りとしてイヤマークをつけるなどという行為は完全に収賄ですが、そういうことがきちんと認識されるようになった印象を受けます」。

数年前まで、イヤマークと言われても理解できる有権者は非常に少なかった。いまはこの無駄遣いの実態に社会の関心が高まっている。米国政治の金権体質を変えようという番犬たちの努力が有権者を覚醒させつつあるのは間違いない。

エピローグ

成熟した民主主義を支える「質の高い統治」の下で、世界に胸をはれる政治を実現しているのか——。

こんな疑問から出発した米国政治の構造をさぐる検証作業だったが、政治献金にしても、ロビー活動にしても、利益誘導にしても、腐敗に結びつきやすい実態がこの国には相当程度存在することが確認できた。そういう実態について、一九六三年から米国政治の取材を続けてきたワシントン・ポスト紙の記者、ロバート・カイザーは著作の中でこう表現する。

「カネの力がとても重要になってきたこの三〇年の間に、連邦議会は統治機構としての有効性を失った」。

このような評価に賛成するか、反対するかは別にして、米国の政治的現実をおさえておくことは、表現の自由や請願権の保障という憲法上の権利に根ざすロジックを使って「やりたい放題」にすることが「質の高い統治」につながるのか、というテーマを議論するときの前提になる。

建国の父の一人で、第四代大統領をつとめたジェームズ・マジソンは「警告的な省察」として、人間が考案し人間が行う統治が完全であることはありえないので不完全さの最も小さい統治が最良の統治であることに留意するべきである、と言ったそうだ(ロバート・A・ダール、『アメリカ憲法は民主的か』)。

これは多数決原理に対する彼の考えを示す中で使われた表現なのだが、二〇〇年近く前にマジソンが示したこの「警告的な省察」は、現代の金権国家・アメリカにも当てはまりそうだ。第4章で示した市民団体の活動などは「不完全さの最も小さい統治」の実現に向けた米国社会の不断の努力の証なのだろう。

同時に今回の検証作業を通じて、ロビイストや政治家の実態に触れることにより米国の統治がもつ「人間臭さ」も実感できた。それは権力欲であり、金銭への執着だ。政治の構造にどれほどの改革圧力が加えられても、これらの政治的人種に大きな変化は期待できないとも思う。人間の性《さが》ともいえる欲得の塊と、「不完全さの最も小さい統治」に向けた努力のぶつかり合いの帰趨次第で、米国の議会制民主主義がどこまで完全なものになっていくのかが決まるのだろう。

ワシントンの金権政治の周辺を回遊しながら生きた一人の男を紹介して、この報告の幕を閉じることにする。個人的な付き合いのあった人間臭い政治的人種の代表例だからだ。

第1章で「日米に知己の多いコンサルタント」として登場したジョン・カーボは、共和党保守派上院議員のスタッフから民間に転じたあと「日米の黒幕」とか「大物ロビイスト」とか呼ばれていた。正確に言えば、登録をしていないので彼をロビイストとは呼べないのだが。

この恰幅《かっぷく》のいい米国人は強烈な個性を持ち合わせていた。

「そうそう、この前の訪日のときは、外務次官のAさんが会いたいと言ってきたし、防衛庁局長のBさんにはあの問題でひとつ忠告してきた。大物政治家のCさんにも簡単に面会できた」。

カーボは小さな字でアポイントメントをぎっしりと書いた手帳を、わざとこちらに見えるようにパラパラとめくった。

「いやみな奴だな」。

初めて会ったときの印象はいまも鮮明だ。しかし、人懐っこい笑顔は魅力的だったし、「話半分」としても彼の語るストーリーは面白かった。

この人物は情報とカネのうごめくワシントンの街で必死に生き抜こうとしていた。安全保障分野に強いという持ち味を生かし米国の国防産業に食い込み、日本の大企業とも深い関係を築いた。共和党内でもある程度知られた存在だったようだし、著名な保守系コラムニストのロバート・ノバクは著書の中でカーボからさまざまな「極秘情報」の提供を受けたと告白している。同時にかなり強引で、付き合わされた日本人の中には反発もあった。

しかし、カーボは陽気な男でもあった。

ホワイトハウスの北側に位置する会員制の「メトロポリタン・クラブ」。商業会議所の隣の瀟洒なインド料理店「ボンベイ・クラブ」。これらの高級レストランは、ロビイストやコンサルタントだけでなく時折政治家も顔を見せ、情報交換の場になっている。

カーボはこれらの店のテーブルでランチタイムにもかかわらずワインをがぶがぶ飲んでいた。

——私の家はバージニア州のオークトンというところにあるんだが、とにかく庭が広すぎて管理に困っているんだよ。この前は鹿の群れが現れたので猟銃で追い払おうかと思ったくらいだ。

——そうそう、女房の誕生日にトヨタの高級車をプレゼントしたら何て言ったと思う。「あら、去年も同じような贈り物だったわね」だってさ。うれしくないのかね、まったく。

どこまでが本当かわからないこんな話をしてひとりで声をたてて笑う。そして急に声を潜めて「ここだけの話だがね」と本題を切り出してくる。これがカーボのパターン。胸元にはいつもオレンジやピンクの派手な高級ブランドのネクタイが目立っていた。

ある程度の人脈は最低限必要だが、ロビイストやコンサルタントにはそれぞれ武器がある。インディアン部族を手玉に取ったジャック・エイブラモフはカネをばらまき政治家への食い込みを強固にした。インディアナ州セントフランシス大学のためにイヤマークを取ってくるトム・クインは「提供する情報の信頼性」を何よりも大事にする。商業会議所の雇われロビイストたちは、自分たちの背後にある「全米最大の経営者組織」を売りにしていた。

では一匹狼的なジョン・カーボはコンサルタントとして何を重視したのだろう。

長年、カーボの補佐役をつとめたカール・アイゼルズバーグによると、カーボは直感に優れた人間だったという。

「彼は自分の直感を大切にした。しかも、この直感は外れたことがなかった」。

彼らコンサルタントは一種の情報戦の中に身を置く。誰がキーパーソンになるのか。事態はどちらに向かうのか。そういう情報を入手するには独自の勘も必要になる。アイゼルズバーグによると、二〇〇〇年には、入手した情報と自らの直感から大統領選挙開票での混乱を予測、ブッシュ側近を驚かせたという。

しかし、勘だけを頼りに一匹狼的なコンサルタントが生き延びていけるほど、ワシントンは甘くない。カーボも情報を入手し自分の仕事をスムーズに進めるために、大量の政治献金を行っていた。

FECの資料によると、〇六年までの九年間で献金総額は五万三〇〇〇ドルに上った。宛先は一〇〇％共和党。広く薄くばらまくというよりも、特定の政治家に繰り返し献金しており、共和党全国委員会にも資金を送っている。

日本企業を含めて多くの顧客がさまざまな名目をつけて支払ったカネの一部は、献金という形で共和党の関係者に吸い込まれていった。カーボもワシントンの金権政治から距離を置くことはできなかったようだ。


そんなカーボが、動脈瘤破裂で突然、不帰の人になった。享年六〇歳。保守派上院議員のスタッフからコンサルタントに転じた男の人生はあっけなく終わりを迎えた。

〇六年三月二九日。ワシントン郊外、メリーランド州ケンウッドの小高い丘の上にある教会でカーボの葬儀が営まれた。ワシントン・ポスト紙が訃報欄で彼の死を大きく伝えたこともあり、多くの知人、友人が集まった。突然の別離に呆然とする家族の姿が痛々しかったが、この日華やかなワシントンの日々に別れを告げねばならない男がもう一人いた。

花に囲まれたカーボの棺の前で参列者が賛美歌を歌っていたちょうどその頃、ワシントンから千数百キロ離れたフロリダ州の裁判所である判決が言い渡されていたのだ。

「禁固五年一〇月」という量刑言い渡しを神妙に聞いていたのはジャック・エイブラモフ。権力者に取り入り、インディアン部族を「モンキー」と侮蔑し、金権体質に染まった政界をカネの力を借りて走ってきたロビイストにとって、この日の司法判断は最初のものだった。エイブラモフはいくつかの罪に問われていたが、カジノ客船買収の融資に関する書類偽造事件の審理が一番初めに終結し、量刑の言い渡しとなったのだ。

〇六年一月に起訴されて以降、裁判所に出入りするエイブラモフの表情はつねに暗く、口は真一文字に結ばれたままだった。あの手この手の悪知恵で大金を巻き上げ、政治家にも深く食い込んでいた頃の威勢のよさはどこにも感じられない。すでに罪を認めて司法取引に応じていたため、事実上、ロビイストとしての命脈は断たれていたエイブラモフだが、最初の量刑言い渡しは公式な退場宣告になった。

生前のカーボに一度だけ、エイブラモフ事件の感想を聞いた。「あんな奴のことなんか論評したくないね」というような話をぼそぼそしていたと思う。しかし政治献金を繰り返していたという点ではカーボもエイブラモフと同じだ。亡くなる直前の三月七日、カーボはその年改選期を迎えていたバージニア州選出の共和党上院議員ジョージ・アレンに一〇〇〇ドルを送金している。

カネに目のくらんだロビイストと、直感を頼りに「日米の黒幕」とまで呼ばれたコンサルタント。タイプはまったく違うけれど、金権体質のワシントンで、情報と人脈、そして政治献金を使って生きてきた二人の男が、奇しくも同じ日に舞台から去っていった。

カーボの葬儀が終わり、教会の外に出た。春浅いものの、あふれるような陽ざしの中で、二、三分咲きの桜が風に揺れていた。

おわりに

個人的な弁明を許してもらえるのであとがきは好きだ。

二〇〇四年から三年余りワシントン支局に駐在した。一九九〇年代に続いて二度目の赴任だったが、末席特派員として日米経済交渉を追いかけた前回に比べ、より広い角度での原稿が求められた。イラク戦争に最高裁人事、ハリケーン・カトリーナに年金改革論議、そして大統領選挙と議会選挙。通信社として大量の出稿を要求される毎日は体力勝負だったが、おかげで米国政治の風景をさまざまな角度から観察できた。「舞台裏でどんな事態が展開されているのか調べてみよう」というこの報告をまとめる一番大きな動機は、ワシントン支局の特派員として過ごす日々の中で膨らんできた。

しかし、生来の怠け者ゆえ作業の進捗は当初の目標よりも大幅にずれこんでしまった。早くしなければと気ばかり焦り空回りする日々が続いたが、結果的に出版の時期がバラク・オバマ政権の発足と重なったことは、この報告に以下のような今日的意義を付してくれたように思う。

日本の政治が、議院内閣制や官僚制のあり方など、統治の基盤部分でぐらつき漂流しているのに比べ、米国では大統領制とか三権分立に基づくチェック・アンド・バランスといった政治の基本的枠組みはしっかりとしていてあまり揺らぎがない。しかし、「統治の理念を侵食する危険因子」として警戒されている問題はいくつかある。金権政治の弊害もその一つだ。二〇〇八年の大統領選挙戦で「特定の利害関係者からの決別」が叫ばれ、大統領就任早々のオバマが一部例外を認めながらも「ロビイスト締め出し」を打ち出したのは、カネとコネの力を借りた政治への働き掛けをどうコントロールするかが現実の政治課題になっているからにほかならない。そして報告の中でも述べた通り、オバマ自身が史上最大の金権選挙を勝ち抜いたという矛盾をどう克服するのかも大きなテーマになっていくだろう。

新政権発足で外交政策や経済対策に焦点が当たる今だからこそ、そしてオバマ大統領のもとで変革への期待が高まっているこのタイミングだからこそ、金権政治の構造という影の部分も含めて米国の状況を立体的に伝えることには意味があるのではないかと考えている。

作業にあたっては、米国政治の陰影が刻まれた「現場」を訪ね歩き当事者たちの話を聞くことを目標にしたが、制度的な仕組みや慣行を皮膚感覚として共有できない異国のジャーナリストにとってはなかなか難しい取材だった。また時間の制約で足を運べない現場がいくつも出現したし、取材の要請を拒否されたり無視されたりしたケースも相当数あった。ただ、そのような中でも最大限の努力はしたつもりだ。評価は読者の皆さんにお任せしようと思う。また事実関係は極力チェックしたつもりだが、もし誤認があればそれは筆者の責任である。

この報告を作成するにあたって多くの方々の協力を得た。まず、インタビューに応じていただいた方々、そしてその仲介の労をとっていただいた方々にこの場を借りて御礼を申し上げたい。

特に以下の三人には本当にお世話になった。最初に謝意を伝えたいのは米国のメディアで構成するナショナル・プレス・クラブ前理事長のシルビア・スミスさんだ。彼女の地元、インディアナ州フォートウエィンを紹介してくれただけでなく、さまざまな関係者のアポイントをメール一本でとってくれた。一方、米国の政治作法に暗い私の師匠になってくれたのは元連邦下院議員のビル・フレンゼル氏だった。私の愚問にじっと耳を傾け、いつも丁寧に、かつ的確に答えていただいた。政治資金規正制度に関していろいろ教えてくれた「有権者の期待にこたえる政治センター」のマシー・リッチ氏にも感謝したい。所属するCenter for Responsive Politicsの訳には七転八倒したが、リッチ氏が「政治家は国民や有権者の期待に応えてほしいという願いがこもっている」と解説してくれたことが手がかりとなり意訳させてもらった。

また資料収集などで手伝ってくれたワシントン支局のカルロス・ソリス、セリアナ・サイム、アンドルー・ゴーセスター各氏、そして貴重な参考文献を紹介していただいた総務省の佐々木浩さんにも御礼を申し上げたい。

岩波書店の二人の編集者にも感謝したい。米国をめぐる上田麻里さんとの幅広い議論は非常に有意義だった。空理空論に流れがちな私を「現場」というジャーナリズムの原点に引き戻してくれたのも上田さんだ。彼女の鋭い感性にはいつものことながら脱帽する。

また永沼浩一さんには実際の編集作業でお世話になった。地図だ、写真だと、こちらのわがままな要望を淡々と、しかし確実にこなしてくれた。この報告が読みやすいものになっているとするなら、それは永沼さんの努力の賜物だ。

ワシントン支局やニューヨーク総局の同僚たちには、さまざまなわがままを聞いてもらった。感謝の言葉もない。出版の試みを快く認めてくれた時事通信の谷定文編集局長にも御礼を申し上げたい。

そして、いつも拙稿の最初の読者になってくれる妻と、この春からジャーナリズムの道を歩み始める息子が、ついつい怠ける私を支えてくれたことも記しておきたい。

前後二回のワシントン時代、「ご近所さん」ということもありわれわれ家族を気にかけてくれたのがローラ・マークスさんだ。優しいご主人と穏やかな老後を過ごしていた彼女は、感謝祭やクリスマスといった一家の団欒にも私たち家族を必ず招待してくれた。私が日本人特派員として議会やホワイトハウスを取材しているのを知っていたせいか、「政治家連中は一体何をやっているの」とよく聞いてきた。ご主人や息子さんたちを含めてにぎやかな議論になったことも一度や二度ではない。米国の市井の人々が政治に対してもっている感覚は、マークス家での議論から学んだ。

そんな彼女がこの報告の完成直前に逝去された。あの陽気な笑い声がもう聞けないかと思うと残念でならない。ご冥福をお祈りするとともに、私たち家族を支えてくれた、そして、米国政治に対する庶民感覚を教えてくれたミセス・マークスにこの報告を捧げたいと思う。

二〇〇九年二月

軽部謙介

参考文献

Allen Raymond "How to Rig an Election" 2008, Simon & Schuster

Barack Obama "The Audacity of Hope" 2006, Three Rivers Press（棚橋志行訳『合衆国再生』2007年，ダイヤモンド社）

Christine Todd Whitman "It's My Party Too" 2005, The Penguin Press

David Cay Johnston "Free Lunch" 2007, Portfolio

David C. Whitney & Robin Vaughn Whitney "American Presidents" 2001, Reader's Digest

John Harwood & Gerald F. Seib "Pennsylvania Avenue" 2008, Random House

John L. Moore "Speaking of Washington" 1993, Congressional Quarterly

Matthew Continetti "The K Street Gang" 2006, Doubleday

Peter Stone "Heist" 2006, Farrar, Straus and Giroux

Robert D. Novak "The Prince of Darkness" 2007, Crown Forum

Robert G. Kaiser "So Damn Much Money" 2009, Alfred A. Knopf

Seymour P. Lachman "Three Men in a Room" 2006, The New Press

Thomas Frank "The Wrecking Crew" 2008, Metropolitan Books

Tom Delay "No Retreat, No Surrender" 2007, Sentinel

赤木昭夫『見える！ アメリカ　ワシントンDC・ガイドブック』2004年，岩波書店

アル・ゴア（竹林卓訳）『理性の奪還』2008年，ランダムハウス講

談社
ウィリアム・グレイダー(中島健訳)『アメリカ民主主義の裏切り』1994年，青土社
大曲薫「アメリカ連邦選挙委員会(FEC)の組織と機能」レファレンス2007年12月号(web版)所収，国立国会図書館
河野博子『アメリカの原理主義』2006年，集英社新書
シェルドン・S. ウォリン(千葉眞ほか訳)『アメリカ憲法の呪縛』2006年，みすず書房
実哲也『悩めるアメリカ』2008年，日経プレミアシリーズ
ジョン・J. ミアシャイマー，スティーブン・M. ウォルト(副島隆彦訳)『イスラエル・ロビーとアメリカの外交政策』2007年，講談社
滝田陽一『世界金融危機 開いたパンドラ』2008年，日経プレミアシリーズ
津山恵子「オバマ　黒人初の大統領の金と力」『文藝春秋』2009年1月号
寺島実郎「ジョン・カーボーが死んだ」『世界』2006年6月号
中尾武彦『アメリカの経済政策』2008年，中公新書
毛利透『民主政の規範理論』2002年，勁草書房
森脇俊雅『アメリカ女性議員の誕生』2001年，ミネルヴァ書房
矢口祐人，吉原真里編著『現代アメリカのキーワード』2006年，中公新書
ロバート・A. ダール(杉田敦訳)『アメリカ憲法は民主的か』2003年，岩波書店
渡辺将人『現代アメリカ選挙の集票過程』2008年，日本評論社

プロローグ

ワシントン連邦大陪審「合衆国vsテッド・スチーブンス」事件起訴状
2008年7月30日，New York Times, “Senator Charged in Scheme to Hide Gifts of Oil Firm”
2008年7月30日，USA TODAY, “Stevens renowned for influence on Alaska politics”

2008年7月30日, Wall Street Journal, "Alaska's Sen. Stevens Indicted on Corruption Claims"
2005年11月28日, CNN, "Congressman resigns after bribery plea"
2006年3月2日, Washington Post, "Maximum Sentence Urged for Cunningham"
2008年2月23-24日, Wall Street Journal, "Arizona Congressman Indicted"
2008年10月22日, Center for Responsive Politics, "US Election Will Cost $5.3 Billion"

第1章

2006年6月22日, 上院インディアン問題委員会最終報告書
2006年1月4日, Plea Agreement, US District Court, Southern District of Florida
2006年1月3日, Plea Agreement, US District Court for the District of Columbia
2006年9月13日, Plea Agreement, US District Court for the District of Columbia
2006年1月3日, Washington Post Web Site, "Justice Department News Conference on Abramoff Guilty Plea"
2006年9月30日, National Journal, "The Fallen"
2006年1月3日, Information, District Court for the District of Columbia
2006年3月31日, Washington Post, "Unrabeling Abramoff"
2005年12月29日, Washington Post, "The Fast Rise and Steep Fall of Jack Abramoff"
2005年12月12日, Washington Post, "How Abramoff Spread the Wealth"
2005年12月19日, New York Times, "In Congress, a Lobbyist's Legal Troubles Turn His Generosity Into a Burden"
2005年10月18日, Washington Post, "Lawmaker's Abramoff Ties Investigated"

2006年1月4日，Washington Post，“GOP Leaders Seek Distance From Abramoff”
2006年1月4日，ホワイトハウス記者会見記録
2008年6月11日，下院監視・政府改革委員会，“Jack Abramoff's Contacts With White House Officials”
2006年1月12日，Washington Post，“Hill Weighs Curbs on Lobbying”
2006年8月25日，Washington Post，“More a Symbol Than a Street Address”
2006年1月12日，Washington Post，“Happy Birthday, Willard, Your Lobby Lives in History”
2005年7月27日，Public Citizen，“Congressional Revolving Doors”
2008年5月19日，Wall Street Journal，“A Top McCain Aide Quits”
2009年1月22日，New York Times，“On First Day, Obama Quickly Sets a New Tone”
2008年5月20日，Washington Post，“Candidates Vie to Be The Anti-Lobbyist”
2008年6月6日，American League of Lobbyists，“Lobbyists Are Citizens, too”
2008年5月30日，Wall Street Journal，“In Defense of Lobbyist”
2007年3月4日，Washington Post，“Citizen K Street”

第2章
2007年2月16日，Washington Post，“The Banker's Candidate”
2008年10月3日，Center for Responsive Politics，“In House's Final Bailout Vote, Money from Finance Sector Sided with Bill's Supporters”
2008年8月8日，Wall Street Journal，“Candidates Name Half-Million-Dollar Team”

2008年8月6日，New York Times，“Big Donors, Too, Have Seats At Obama Fund Raising Table”
2008年9月10日，連邦選挙委員会，“Conciliation Agreement”
2008年8月7日，Wall Street Journal，“Pressure to Donate to Romney Alleged in Complaint”
2008年8月6日，Washington Post，“Bundler Collects From Unlikely Donors”
2008年8月8日，New York Times，“McCain to Give Back $50,000 Under Scrutiny”
2008年8月12日，連邦選挙委員会，“Number of Federal PAC's Increases”
2006年8月30日，連邦選挙委員会，“PAC Final Activity Increases”
2008年，共和党全国委員会の連邦選挙委員会への収支報告書収録，Image 28991904284から28991904286，28933156959
2008年10月18日，New York Times，“Nearing Record, OBAMA Ad Effort Swamps McCain”
2008年10月8日，Wisconsin University Advertising Project，“McCain's ads nearly 100% negative”
2008年7月20日，New York Times，“Public Funding on the Ropes”
2008年11月13日，共和党全国委員会からワシントン連邦地裁宛訴状
1976年1月30日，最高裁判決，“Buckley vs. Valeo, 424 U.S. 1”

第3章

2006年1月26日，Congressional Research Service，“Memorandum: Earmarks in Appropriation Acts”
2008年5月17日，New York Times，“Mayoral Hopeful, an Earmark critic, Has His Own”
2007年6月16日，New York Times，“Council Budget Is Adopted, With Members Pet Projects Identified”

2006年7月2日，New York Times,“Hiring Federal Lobbyist, Towns Learn Money Talks”
2008年8月2-3日，Wall Street Journal,“Lobbyists Gave Campaigns $140 Million in 1st Half”
2007年12月10日，Washington Post,“Hoyer Is Proof of Earmark's Endurance”
2008年4月26-27日，Wall Street Journal,“Ready for Real Change”
2008年2月11日，Roll Call,“K Street Files”
2008年7月15日，Washington Post,“Rangel's Pet Cause Bear His Own Name”
2007年7月20日，CBS News,“Controversial Boon For DC Neighborhood”
2006年6月22日，Washington Post,“Lawmakers' Profits Are Scrutinized”
2006年6月22日，CBS News,“Speaker Hastert's Land Deal Questioned”
2005年8月10日，ブッシュ大統領演説記録
2008年2月3日，Rockford Register Star,“Criticized Earmarks Help Local Projects Get Down”
2008年12月26日，Wall Street Journal,“Obama's Secretary of Earmaks...”
2007年1月8日，US News & World Report,“The Blue Dog Factor”
2008年5月20日，New York Times,“Not all Earmark Are Paid In Full”
2006年1月26日，Congressional Research Service,“Memorandum; Earmarks in Appropriation Act”
2008年4月7日，New York Times,“Pork Barrel, By a Softer Name, Remains Hidden in the Budget”
2008年9月15日，Wall Street Journal,“Palin's Project List Total $453 Million”
2008年5月6日，Times Union,“State GOP bulks up vulnera-

ble candidates”
2008 年 9 月 12 日，New York Times，“After an Arrest，Albany Plays a Guessing Game”
2007 年 3 月 24 日，New York Times，“FBI Agents Investigate 2 Lawmakers in the Bronx”
2007 年 12 月 22 日，Times Union，“Bruno cuts ties to firm”
2006 年 12 月 20 日，New York Times，“Bruno Is Subject of Inquiry by FBI”
2008 年 9 月 11 日，New York Times，“Queens Assemblyman ‘Put His Office Up for Sales’，Prosecutors”

第 4 章

2007 年 6 月 13 日，Nancy Boyda，“Boyda Announces 2008 Appropriation Request”
2008 年 10 月 16 日，Wall Street Journal，“AIG Still Lobbies to Relax Oversight Rules”
2008 年 11 月 13 日，Center for Responsive Politics，“Automakers Lobby for a Jump Start”

軽部謙介

1955年東京都生まれ
1979年早稲田大学卒業，時事通信社入社．社会部，福岡支社，那覇支局，経済部，ワシントン特派員，経済部次長，ワシントン支局長などを経て，現在ニューヨーク総局長
著書－『Political Appointees――クリントン対日戦略の黒衣たち』(フリープレス)
『日米コメ交渉』(中公新書)
『検証 経済失政――誰が，何を，なぜ間違えたか』(共著，岩波書店)
『ドキュメント 機密公電――日米経済交渉の米側記録は何を語るか』(岩波書店)
『ドキュメント ゼロ金利――日銀vs政府 なぜ対立するのか』(岩波書店)

ドキュメント アメリカの金権政治　岩波新書(新赤版)1179

2009年3月19日　第1刷発行

著　者　軽部謙介《かるべけんすけ》

発行者　山口昭男

発行所　株式会社 岩波書店
〒101-8002 東京都千代田区一ツ橋2-5-5
案内 03-5210-4000　販売部 03-5210-4111
http://www.iwanami.co.jp/

新書編集部 03-5210-4054
http://www.iwanamishinsho.com/

印刷製本・法令印刷　カバー・半七印刷

ISBN 978-4-00-431179-9　Printed in Japan

岩波新書新赤版一〇〇〇点に際して

ひとつの時代が終わったと言われて久しい。だが、その先にいかなる時代を展望するのか、私たちはその輪郭すら描きえていない。二〇世紀から持ち越した課題の多くは、未だ解決の緒を見つけることのできないままであり、二一世紀が新たに招きよせた問題も少なくない。グローバル資本主義の浸透、憎悪の連鎖、暴力の応酬――世界は混沌として深い不安の只中にある。

現代社会においては変化が常態となり、速さと新しさに絶対的な価値が与えられた。消費社会の深化と情報技術の革命は、種々の境界を無くし、人々の生活やコミュニケーションの様式を根底から変容させてきた。ライフスタイルは多様化し、一面では個人の生き方をそれぞれが選びとる時代が始まっている。同時に、新たな格差が生まれ、様々な次元での亀裂や分断が深まっている。社会や歴史に対する意識が揺らぎ、普遍的な理念に対する根本的な懐疑や、現実を変えることへの無力感がひそかに根を張りつつある。そして生きることに誰もが困難を覚える時代が到来している。

しかし、日常生活のそれぞれの場で、自由と民主主義を獲得し実践することを通じて、私たち自身がそうした閉塞を乗り超え、希望の時代の幕開けを告げてゆくことは不可能ではあるまい。そのために、いま求められていること――それは、個と個の間で開かれた対話を積み重ねながら、人間らしく生きることの条件について一人ひとりが粘り強く思考することではないか。その営みの糧となるものが、教養に外ならないと私たちは考える。歴史とは何か、よく生きるとはいかなることか、世界そして人間はどこへ向かうべきなのか――こうした根源的な問いとの格闘が、文化と知の厚みを作り出し、個人と社会を支える基盤としての教養となった。まさにそのような教養への道案内こそ、岩波新書が創刊以来、追求してきたことである。

岩波新書は、日中戦争下の一九三八年一一月に赤版として創刊された。創刊の辞は、道義の精神に則らない日本の行動を憂慮し、批判的精神と良心的行動の欠如を戒めつつ、現代人の現代的教養を刊行の目的とする、と謳っている。以後、青版、黄版、新赤版と装いを改めながら、合計二五〇〇点余りを世に問うてきた。そして、いままた新赤版が一〇〇〇点を迎えたのを機に、人間の理性と良心への信頼を再確認し、それに裏打ちされた文化を培っていく決意を込めて、新しい装丁のもとに再出発したいと思う。一冊一冊から吹き出す新風が一人でも多くの読者の許に届くこと、そして希望ある時代への想像力を豊かにかき立てることを切に願う。

（二〇〇六年四月）

岩波新書より

現代世界

イラクは食べる	酒井啓子
イラク 戦争と占領	酒井啓子
イラクとアメリカ	酒井啓子
ブータンに魅せられて	今枝由郎
ルポ 貧困大国アメリカ	堤 未果
エビと日本人 II	村井吉敬
エビと日本人	村井吉敬
北朝鮮は、いま	北朝鮮研究学会編 石坂浩一監訳
欧州連合 統治の論理とゆくえ	庄司克宏
バチカン	郷富佐子
国際連合 軌跡と展望	明石 康
アメリカよ、美しく年をとれ	猿谷 要
アメリカの宇宙戦略	明石和康
日中関係 戦後から新時代へ	毛里和子
いま平和とは	最上敏樹
国連とアメリカ	最上敏樹
人道的介入	最上敏樹
大欧州の時代	脇阪紀行
現代ドイツ	三島憲一
ブレア時代のイギリス	山口二郎
「民族浄化」を裁く	多谷千香子
サウジアラビア	保坂修司
中国激流 13億のゆくえ	興梠一郎
現代中国 グローバル化のなかで	興梠一郎
多民族国家 中国	王 柯
ヨーロッパ市民の誕生	宮島 喬
東アジア共同体	谷口 誠
ネットと戦争	青山 南
アメリカ 過去と現在の間	古矢 旬
ヨーロッパとイスラーム	内藤正典
現代の戦争被害	小池政行
アメリカ外交とは何か	西崎文子
イスラーム主義とは何か	大塚和夫
核拡散	川崎 哲
シラクのフランス	軍司泰史
帝国を壊すために	アルンダティ・ロイ 本橋哲也訳
ロシアの軍需産業	塩原俊彦
ブッシュのアメリカ	三浦俊章
多文化世界	青木 保
異文化理解	青木 保
アフガニスタン 戦乱の現代史	渡辺光一
イギリス式生活術	黒岩 徹
イギリス式人生	黒岩 徹
国際マグロ裁判	小松正之 遠藤 久
デモクラシーの帝国	藤原帰一
テロ後 世界はどう変わったか	藤原帰一編
パレスチナ〔新版〕	広河隆一
「対テロ戦争」とイスラム世界	板垣雄三編
ソウルの風景	四方田犬彦
NATO	谷口長世
現代中国文化探検	藤井省三
ロシア市民	中村逸郎
中国路地裏物語	上村幸治

岩波新書より

豊かさとは何か　暉峻淑子
クジラと日本人　大隅清治
リストラとワークシェアリング　熊沢誠
女性労働と企業社会　熊沢誠
能力主義と企業社会　熊沢誠
人生案内　落合恵子
山が消えた 残土・産廃戦争　佐久間充
消費者金融 実態と救済　宇都宮健児
少年犯罪と向きあう　石井小夜子
仕事が人をつくる　小関智弘
自白の心理学　浜田寿美男
科学事件　柴田鉄治
証言 水俣病　栗原彬編
コンクリートが危ない　小林一輔
仕事術　森清
現代たばこ戦争　伊佐山芳郎
東京国税局査察部　立石勝規
バリアフリーをつくる　光野有次

雇用不安　野村正實
ドキュメント 屠場　鎌田慧
過労自殺　川人博
災害救援　野田正彰
神戸発 阪神大震災以後　酒井道雄編
現代たべもの事情　山本博史
在日外国人〔新版〕　田中宏
日本の農業　原剛
ボランティア もうひとつの情報社会　金子郁容
「成田」とは何か　宇沢弘文
自動車の社会的費用　宇沢弘文
ディズニーランドという聖地　能登路雅子
ODA 援助の現実　鷲見一夫
読書と社会科学　内田義彦
資本論の世界　内田義彦
社会認識の歩み　内田義彦
ああダンプ街道　佐久間充
科学文明に未来はあるか　野坂昭如編著

食品を見わける　磯部晶策
社会科学における人間　大塚久雄
社会科学の方法　大塚久雄
あの人は帰ってこなかった　菊池敬一・大牟羅良編
戦没農民兵士の手紙　岩手県農村文化懇談会編
水俣病　原田正純
女性解放思想の歩み　水田珠枝
ユダヤ人　J-P・サルトル 安堂信也訳
社会科学入門　高島善哉

政治

法律

岩波新書より

経済

金融権力　本山美彦
金融ＮＰＯ　藤井良広
地域再生の条件　本間義人
経済データの読み方〔新版〕　鈴木正俊
格差社会　何が問題なのか　橘木俊詔
家計からみる日本経済　橘木俊詔
日本の経済格差　橘木俊詔
現代に生きるケインズ　伊東光晴
シュンペーター　伊東光晴・根井雅弘
ケインズ　伊東光晴
事業再生　高木新二郎
経済論戦　川北隆雄
景気とは何だろうか　山家悠紀夫
環境再生と日本経済　三橋規宏
経営者の条件　大沢武志
人民元・ドル・円　田村秀男
世界経済入門〔第三版〕　西川潤

日本の「構造改革」　佐和隆光
市場主義の終焉　佐和隆光
経済学とは何だろうか　佐和隆光
日本の税金　三木義一
人間回復の経済学　神野直彦
戦後アジアと日本企業　小林英夫
変わる商店街　中沢孝夫
日本経済図説〔第三版〕　宮崎勇・本庄真
世界経済図説〔第二版〕　宮崎勇・田谷禎三
社会的共通資本　宇沢弘文
経済学の考え方　宇沢弘文
景気と経済政策　小野善康
経営革命の構造　米倉誠一郎
金融入門〔新版〕　岩田規久男
国際金融入門　岩田規久男
ブランド　価値の創造　石井淳蔵
アメリカの通商政策　佐々木隆雄
戦後の日本経済　橋本寿朗
共生の大地　新しい経済がはじまる　内橋克人

思想としての近代経済学　森嶋通夫
大恐慌のアメリカ　林敏彦

岩波新書より

世界史

岩波新書より

モゴール族探検記　梅棹忠夫
論文の書き方　清水幾太郎
本の中の世界　湯川秀樹
一日一言　桑原武夫編
インドで考えたこと　堀田善衛
岩波新書をよむ　岩波書店編集部編

芸術

写真を愉しむ　飯沢耕太郎
演出家の仕事　栗山民也
肖像写真　多木浩二
ヌード写真　多木浩二
世界の音を訪ねる　久保田麻琴
Jポップとは何か　烏賀陽弘道
宝塚というユートピア　川崎賢子
瀧廉太郎　海老澤敏
人生を肯定するもの、それが音楽　小室等
絵のある人生　安野光雅
能楽への招待　梅若猶彦
プラハを歩く　田中充子
歌舞伎ことば帖　服部幸雄
コーラスは楽しい　関屋晋
役者の書置き　嵐芳三郎
ぼくのマンガ人生　手塚治虫
続 名画を見る眼　高階秀爾
名画を見る眼　高階秀爾
ジャズと生きる　穐吉敏子
真贋ものがたり　三杉隆敏
日本の現代演劇　扇田昭彦
〝劇的〟とは　木下順二
日本の近代建築 上・下　藤森照信
戦争と美術　司修
千利休 無言の前衛　赤瀬川原平
演劇とは何か　鈴木忠志
狂言役者 ひねくれ半代記　茂山千之丞
歌右衛門の六十年　中村歌右衛門 山川静夫
抽象絵画への招待　大岡信
花火―火の芸術　小勝郷右
絵を描く子供たち　北川民次
ギリシアの美術　澤柳大五郎
音楽の基礎　芥川也寸志
日本美の再発見〔増補改訳版〕　ブルーノ・タウト 篠田英雄訳